党的十八大以来人力资源社会保障事业

改革与发展成就综述

中国组织人事报社　组织编写

主　编　张宝忠
副主编　徐月高　丁向阳　张　洁

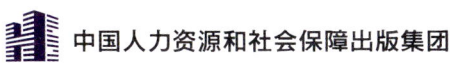

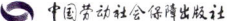　

图书在版编目(CIP)数据

党的十八大以来人力资源社会保障事业改革与发展成就综述 / 张宝忠主编. -- 北京：中国劳动社会保障出版社：中国人事出版社，2022
ISBN 978-7-5167-5661-4

Ⅰ.①党… Ⅱ.①张… Ⅲ.①人力资源管理-研究-中国②社会保障-研究-中国 Ⅳ.①F249.23②D632.1

中国版本图书馆 CIP 数据核字（2022）第 231250 号

中国劳动社会保障出版社
中国人事出版社 出版发行

（北京市惠新东街1号　邮政编码：100029）

*

保定市中画美凯印刷有限公司印刷装订　　新华书店经销
787毫米×1092毫米　16开本　16.5印张　162千字
2022年12月第1版　2022年12月第1次印刷
定价：58.00元

营销中心电话：400-606-6496
出版社网址：http://www.class.com.cn

版权专有　　侵权必究

如有印装差错，请与本社联系调换：（010）81211666
我社将与版权执法机关配合，大力打击盗印、销售和使用盗版图书活动，敬请广大读者协助举报，经查实将给予举报者奖励。
举报电话：（010）64954652

前　言

治国有常，利民为本。党的十八大以来，以习近平同志为核心的党中央坚持以人民为中心的发展思想，把让老百姓过上好日子作为一切工作的出发点和落脚点，从党和国家工作全局出发，根据我国发展的新形势新任务新要求，坚持实事求是，既尽力而为，又量力而行，补齐民生短板，增进民生福祉，提高人民生活品质，使人民获得感、幸福感、安全感更加充分、更有保障、更可持续。

十年砥砺奋进，十年栉风沐雨。全国人社系统始终牢记"国之大者"，扛起保障和改善民生的重大政治责任，奋发向上、担当作为、守土尽责，取得了一系列历史性重大成就：就业局势保持总体稳定，在 14 亿多人口的大国实现了比较充分的就业；社会保障体系建设进入快车道，建成了具有鲜明中国特色、世界上规模最大、功能完备的社会保障体系；专业技术人才和技能人才队伍总量不断扩大、素质稳步提升、活力充分释放，成为科技创新和产业变革的重要支撑；事业单位人事管理走向科学化、规范化，推动公共服务更加优质高效;统一规范的人力资源市场和中国特色和谐劳动关系体制机制基本形成;系统行风发生全面转变,群众办事更加透明高效、舒心顺心……累累硕果有效改善了人民生活,为经济平稳运行、社会和谐稳定提供了有力支撑,为如期全面建成小康社会、实现第一个百年奋斗目标提供了有利条件。

见证伟大时代,谱写精彩华章。《中国组织人事报》组织撰写了一批述评和综述文章,记录了就业、社会保障等工作的生动实践,总结了人社系统贯彻习近平新时代中国特色社会主义思想的成就和经验,折射出人社事业发展变化的潮涌脉动。本书精选其中十九篇精品佳作,涵盖就业、社会保障、人才人事、系统行风建设和乡村振兴等工作,全面、系统、深入地展现了新时代这十年"人社工作为人民"的不凡历程,以富有政治性、理论性、专业性、可读性的精品力作,庆祝党的二十大胜利召开。

东风浩荡满目春,踔厉奋发正当时。踏上新时代新征程,立足新发展阶段、贯彻新发展理念、构建新发展格局,人社工作必将继续高扬"人民至上"旗帜,以更大的改革勇气、更积极的进取精神,夯实高质量发展的民生之本,描绘共同富裕新画卷,为实现中国式现代化贡献人社力量。

编者
2022 年 11 月

目 录

牢牢守住人民的幸福
　　——党的十八大以来就业工作述评 ················· 001

守护人民对美好生活的向往
　　——党的十八大以来社会保障事业发展述评 ········· 017

凝聚逐梦复兴的创新力量
　　——党的十八大以来专业技术人才工作述评 ········· 033

激荡创新发展的磅礴动力
　　——深化职称制度改革述评 ····················· 050

让中国创新的动力更澎湃
　　——党的十八大以来我国职称制度改革综述 ········· 065

培养创新型人才　助力高质量发展
　　——党的十八大以来专业技术人员继续教育工作综述 ··· 077

为强国复兴伟业汇聚智慧力量
　　——党的十八大以来专家工作综述 ················ 092

厚植高质量发展的青春创新力量
　　——党的十八大以来博士后事业发展综述 ·········· 101

锻造实现民族伟大复兴的技能大军
　　——我国新时代技能人才队伍建设述评 …… 112

锻造中国制造中国创造的技能人才力量
　　——我国技能人才工作述评 …… 127

淬炼中国制造中国创造的技能大军
　　——党的十八大以来技能人才队伍建设综述 …… 142

市场激活力　发展添动力
　　——党的十八大以来人力资源服务业发展综述 …… 153

让青春在基层沃野书写荣光
　　——党的十八大以来,"三支一扶"计划选派30余万名高校毕业生到基层服务 …… 165

汇聚才智充分涌流的磅礴力量
　　——党的十八大以来事业单位人事管理工作回眸 …… 175

人社战贫捂热民生温度
　　——全国人社部门决战决胜脱贫攻坚记 …… 187

为乡村振兴注入人社力量
　　——党的十八大以来人社工作助推乡村振兴综述 …… 202

为了人民群众的美好生活
　　——人社系统"我为群众办实事"实践活动述评 …… 214

锻造服务温度　守好人民的心
　　——写在人社系统行风建设三年行动收官之际 …… 228

让满意留在群众心间
　　——坚持以人民为中心,人社系统不断加强行风建设 …… 242

牢牢守住人民的幸福

——党的十八大以来就业工作述评

民为邦本,本固邦宁。

就业是民生之本、财富之源。不断扩大就业,创造更多就业岗位,实现更加充分更高质量就业,推动劳动者体面劳动、全面发展,对于保障广大人民群众的生存权、发展权具有十分重要的地位和作用,也是扎实推动高质量发展和共同富裕的重要前提和基础。

"人民对美好生活的向往,就是我们的奋斗目标。"我们党历来高度重视就业工作,从"统包统配"就业制度,到"三结合"方针,再到积极就业政策,就业方针政策始终与时俱进,有力有效化解了不同时期的就业突出矛盾。党的十八大以来,以习近平同志为核心的党中央坚持在推动高质量发展中强化就业优先导向,深入实施就业优先战略,不断丰富发展更加积极的就业政策,推动我国就业工作取得历史性成就。

十年来,我国城镇新增就业人数年均超过1 300万人,调查失业率总体低于预期控制目标。8 000多万名高校毕业生总体就业水平保持稳定，农民工总量增至2.9亿人，脱贫劳动力务工规模保持在3 000万人以上。14亿多人口的大国实现了比较充分的就业，牢牢托举着亿万人民的美好生活，有力支撑着经济平稳运行、社会和谐稳定。广大人民满怀信心、意气风发，踏上建设社会主义现代化国家新征程，在创造美好生活中迈向民族伟大复兴的宏伟目标。

这份在经济下行压力加大、外部环境复杂严峻的情况下取得的成绩单，来之不易、温暖厚重。这充分彰显了中国特色社会主义制度的优越性，也标志着我国就业工作治理体系和治理能力现代化达到了一个新的高度。

（一）

就业是世界性难题。中国劳动力数量多，城乡二元结构特征突出，又处于转型升级的特殊阶段，劳动力总量压力和结构性矛盾并存，就业问题的艰巨性和复杂性是任何国家都无法比拟的，解决就业问题是一项长期的重大战略任务。

就业是永恒的课题，牵动着千家万户的生活，任何时候都要抓好。习近平总书记念兹在兹，指出就业是最大的民生工程、民心工程、根基工程。在党的十八大闭幕后的中外记者见面会上，习近平总书记饱含殷殷深情道出人民群众对"更稳定的工作"的期盼。在多个重要场合、调研考察中强调，要坚持就业优先战略和积极就业政策，做好重点群体就业工作，实现更高质量和更充分就业，推动就业支持体系不断完善，深刻指明就业工作的重大战略、政策取向。在调研考察中的一次次重要指示、一份份牵挂叮嘱，饱含我们党人民至上的执政理念、深厚真挚的人民情怀和为民造福的价值追求。

思想的阳光照射在实践的园地，就会产生强大的物质力量。人社部门深刻领会习近平总书记关于就业工作的重要论述，深刻认识在保持社会大局稳定中的职责使命，在构建新发展格局、推动高质量发展和共同富裕中的重要地位和作用，坚决贯彻落实党中央决策部署，把就业工作摆到突出位置，推动实现更加充分更高质量就业。抓稳定和扩大就业岗位，突出就业优先导向，为市场主体减负稳岗，在经济高质量发展中实现就业扩容提质；抓创业带动就业，持续优化创业创新环境，加大对初创实体的帮扶力度，完善用工和社保政策，支持灵活就业健康发展；抓重点群体就业，分类帮扶、精准施策，多元化的帮扶体系为各类群体就业创业提供支持；抓大规模职业技能培训，劳动者技能素质明显提高，提升就业质量、缓解结构性就业矛盾；抓就业服务质量提升，就业服务体系日臻完善；抓劳动者权益维护，中国特色和谐劳动关系体制机制基本形成。

千淘万漉虽辛苦，吹尽狂沙始到金。十年来，就业局势保持总体稳定，就业规模持续扩大，结构不断优化，城乡就业格局发生历史性改变，2021年城镇就业人员占比达到62.7%，第三产业成为就业最大"容纳器"；就业质量稳步提升，工资水平不断提高，2021年城镇单位人员工资较2012年翻了一倍，权益保障不断完善；重点群体就业平稳，贫困劳动力就业增收成效明显，

江苏如东县人社志愿者走进农贸市场,通过现场咨询、发放宣传资料和小纪念品的形式,向居民宣讲就业、社保等人社政策。

(中国组织人事报社供图)

技能劳动者总量增至2亿人以上;公共就业服务体系年均为数千万用人单位和劳动者提供服务支持。

"外出务工瓦吉瓦(彝语:很好)!没有政府的帮助,我们靠个人,很难走出大山。"四川凉山州贫困户木乃尔堵在人社部门组织下来到广东佛山工作,全家再不用守着薄田度日。"我通过了面试!"在人社局"就业红娘"牵线下,来自吉林"零就业家庭"的毕业生方明明找到了如意岗位。从天南到海北,从车间到楼宇,亿万劳动者端牢"饭碗",向着美好未来进发。

(二)

广西柳州"熬煮一碗螺蛳粉",做成特色产业大文章,产业优势转化为就业优势,全产业链创造30余万个就业岗位。甘肃陇南积极培育电商经济,以产业带动就业、以就业推动产业,全市网店达1.4万余家,28万余人稳定就业。

广泛开发就业渠道和就业岗位是实现更加充分更高质量就业的关键。以百姓心为心,以人民福为福。人社部门强化就业优先政策,大力推进创业带动就业,积极支持多渠道灵活就业,广泛开展职业技能培训,有力扩大就业容量,提升就业质量,擦亮高质量发展的民生底色。

坚持经济发展就业导向,推动就业岗位扩量提质。把就业作为经济发展的优先目标,纳入宏观调控体系,在经济高质量发展中拉动就业、惠及民生。健全宏观政策联动机制,推动产业、财税、金融、贸易等政策围绕稳定和促进就业综合发力,经济增长与扩大就业形成良性循环生动局面。实施重大政策、重大工程和重要专项行动时,同步评估对就业的影响,同步制定涉及劳动者的分流安置方案,牢牢守住了不出现规模性失业风险的底线。

强化创业带动作用,放大就业倍增效应。放宽市场准入限制,简化立项、审批和办证手续,打掉一个个创业道路上的"拦路虎"。加大税收优惠、创业担保贷款、资金补贴、创业培训等政策实施力度,支持各类创业孵化基地和园区建设,创业更便利,创业者轻装上阵、加速奔跑。持续举办"中国创翼"创业创新大赛、就业创业服务展示交流等"双创"活动,烧旺创新创业之火,点燃创业激情和梦想。党的十八大以来,市场主体总量从2012年底的5 494.9万户,增长到2021年底的1.54亿户。创业成为带动就业的源头活水。

支持多渠道灵活就业，拓宽就业"蓄水池"。适应数字经济发展，积极开发新职业，发布新职业标准，支持发展新就业形态，释放出数量庞大的就业岗位。推进职业资格"放管服"改革，分七批取消 70% 以上职业资格许可和认定事项，建立国家职业资格目录，实行清单式管理，灵活就业障碍进一步扫除。指导各地因地制宜设立劳务市场或零工市场，强化对灵活就业人员就业服务、劳动权益和基本生活保障，筑牢保障网，劳动者的获得感、幸福感、安全感不断增强。

大规模开展职业技能培训，缓解结构性就业矛盾。深入实施职业技能提升三年行动（2019—2021 年），从失业保险基金结余中拿出 1 000 亿元，三年累计开展补贴性职业技能培训 8 300 万人次，劳动者稳定就业和转换岗位的能力不断增强。全面推行中国特色企业新型学徒制培训，让新入职员工接受高质量岗前职业技能培训迅速上手，让转岗员工达到"转岗即能顶岗"。广泛开展各类职业技能竞赛，每年参与竞赛人数达到上千万人次，劳模精神、劳动精神、工匠精神深扎心底，技艺砥砺精进，更多人在"好就业"的基础上实现"就好业"。

（三）

就业稳，民生才有保障，经济运行在合理区间就有支撑。稳就业关键在稳市场主体。近年来，面对经济增长下行压力加大、经济结构深刻调整等影响，尤其是新冠肺炎疫情的严重冲击，党中央、国务院把就业工作摆在"六稳""六保"首位,人社部门坚决贯彻落实,以紧锣密鼓的措施助企纾困,实现了就业局势总体稳定,为民生改善和经济发展提供了重要支撑。

以空前力度应对"非常之疫"。疫情要防住、经济要稳住、发展要安全。2020年,面对突如其来的新冠肺炎疫情,党中央部署实施了力度空前的阶段性减免企业社会保险费等政策,全年共为企业减负1.54万亿元。在抗击疫情和助推复工复产中,人社部门发挥职能优势,推出企业吸纳就业补贴、延长高校毕业生报到接收时间等政策,为企业减轻了负担、给返岗劳动者和高校毕业生吃了定心丸。24小时调度保障重点企业用工,"点对点"对接帮助农民工返岗复工。有的人社干部一天打上百个长途电话对接岗位,有的不停走村入户摸排人员信息,全程服务护送务工人员返岗,为复工复产按下"快进键"。

持续加力,一揽子政策扎实稳经济保民生。中小微企业是吸纳就业的主力军,企业在岗位在,就业就在。2022年以来,"降缓返补"稳岗政策应出尽出、落实落细,全力助企纾困解难。"降",延续实施阶段性降低失业、工伤保险费率政策,1—7月为企业减负超过1 000亿元;"缓",对餐饮等5个特困行业和通用设备制造等17个行业的困难企业,以及受疫情影响严重地区生产经营出现暂时困难的所有中小微企业、个体工商户,阶段性缓缴养老、失业、工伤三项社会保险费;"返",提高失业保险稳岗返还标准,1—7月共向667万户企业发放稳岗返还资金397亿元;"补",落实培训补贴、社保补贴等鼓励企业吸纳就业补贴政策,1—7月

江西宜春市袁州区精准掌握贫困劳动力就业信息"大底盘",确保受疫情影响未返工就业的贫困劳动力全部实现就业。图为相关企业通过招聘直播介绍岗位。

(中国组织人事报社供图)

共支出各项就业补贴资金542亿元,新增失业保险留工补助政策,政策实施3个月以来向291万户企业发放补助资金135亿元。以真金白银的支持,帮助企业渡过暂时性困难。

打通"最后一公里",加快释放减负稳岗政策红利。稳就业越紧迫,越要雪中送炭。人社部门实施政策落实"快办行动",多地失业保险稳岗返还和留工补助"免申即享",数据比对、自动拨付,大大提升了中小微企业受益率;成立助企专班、设立服务专员,上门送政策送支持,力促惠企政策应知尽知、应享尽享。

"账上突然多了一笔钱,说是失业保险费返还,太给力了!""公司用稳岗资金办了20多期培训班。"政策找企、及时落地,给企业带来了"及时雨"。

市场主体"青山常在",就业才能"绿水长流"。稳就业,保住万家灯火,呵护幸福生活,也让经济社会发展基本盘更沉稳、更坚实。

（四）

高校毕业生、农村劳动力、就业困难人员等重点群体是劳动力市场主体。稳住了重点群体,就稳住了就业基本盘。党的十八大以来,我国民生持续改善,最突出的表现就是重点群体得到更好的保障。人社部门分类帮扶、精准施策,构建多元化的帮扶体系,千方百计帮助重点群体实现就业有出路、生活有保障,全力稳住就业大局。

多管齐下,高校毕业生就业渠道不断丰富。高校毕业生等青年就业关系民生改善、经济发展和国家未来。从2012年680万人,到2022年突破千万大关,高校毕业生数量持续攀升。党中央、国务院高度重视高校毕业生等青年就业,中共中央办公厅、国务院办公厅印发进一步引导和鼓励高校毕业生到基层工作的意见,"十四五"就业促进规划专设青年就业篇章,推出一系列有针对性的政策举措,千方百计帮助他们就业创业。人社部门把高校毕业生等青年就业作为重中之重,以"四个强化、一个简化",竭尽全力为毕业生等青年就业创业提供支持和帮助。强化政策支持,鼓励企业更多吸纳就业。2022年,为鼓励企业招用高校毕业生,从失业保险基金列支,实施一次性扩岗补助政策;拓展基层就业

空间，实施"三支一扶"计划等基层服务项目；支持自主创业和灵活就业，多方拓展就业渠道。强化招聘组织，打造高校毕业生就业服务平台，提供职业指导、岗位推荐、职业培训或就业见习机会。强化困难帮扶，"一人一策"帮扶未就业的困难毕业生，就业启航计划帮助长期失业青年尽快就业。强化权益维护，保障合法就业权益。简化就业手续，取消公共机构就业协议书签章，取消毕业生到公共机构办理报到手续，延长档案转递和落户办理时限，方便高校毕业生求职就业。

靶向施策，农民工就业总体稳定。农民工是我国产业工人的主体，是国家现代化建设的重要力量。人社部门用好外出务工和就近就业两条渠道，持续推进农村转移劳动力就业增收。"春风行动"不打烊，持续为农民工求职牵线、为企业用工搭桥。劳务协作不断扩容升级、优化服务，越来越多的乡亲"有活干、有钱赚"。加强劳务品牌建设，形成了天镇保姆、化隆牛肉拉面师、紫阳修脚师等一批具有地域特色、行业特征、技能特点的劳务品牌，手持"就业名片"的乡亲成了就业市场上的"香饽饽"。

"不让一家受寒，方为天下之暖。"一人就业、全家脱贫，增加就业是最有效、最直接的脱贫方式，是巩固脱贫攻坚成果的基本措施。在脱贫攻坚战中，人社部门坚持外出务工与就近就业两大方向，强化就业服务、职业培训、权益维护，全力促进贫困劳动力就业增收。贫困劳动力的务工规模从2015年的1 227万人增加到2020年的3 243万人，2/3以上的建档立卡贫困人口主要靠外出务工和产业脱贫。乡村振兴战略实施以来，人社部门继续加力,延续拓展脱贫人口就业帮扶的政策措施,2022年上半年脱贫人口务工规模已经达到3 223万人,千千万万家庭鼓起了"钱袋子"。

为困难群体就业筑牢最后一道屏障。帮扶困难人员就业,关系群众冷暖,关系民生底线。年纪大、技能低、身有残疾等困难群体就业的"难点",正是人社部门精准施策的"靶点":对困难人员就业创业、提升能力给予税费减免和资金补贴等有力支持;日常援助与集中援助相结合,为困难人员制定"一对一"帮扶方案,持续举办就业援助月活动集中帮扶;对通过市场渠道难以实现就业的,开发公益性岗位托底安置。稳妥推进去产能职工安置,动态跟踪帮扶退捕渔民安置,促进转岗再就业和转产就业。十年来,累计促进失业人员再就业5 501万人,帮扶困难人员就业1 768万人。

(五)

湖北省"23 ℃就业服务"、上海市"乐业上海"公共就业服务、山东省"就好办"公共就业服务……一个个闪亮的服务品牌,见证着就业服务不断提质,标注着就业治理效能的提升。

就业服务是稳定扩大就业、化解摩擦性失业的重要手段。就业事项办理速度和体验,关联着人民对美好生活的向往,关系到党和政府在群众心目中的形象。人社部门坚持把就业服务与"放管服"改革深度融合,充分发挥政府和市场机制作用,提升服务水平和效率,把党和国家的惠民政策更好落到实处,让劳动者有

了更好的体验，获得更高的幸福指数。

筑牢就业公共服务体系，普洒阳光雨露。构筑起覆盖省、市、县、街道（乡镇）、社区（村）的五级公共就业服务网络，广泛提供政策咨询、信息发布、职业介绍、职业指导等服务。打造智能公共就业服务信息化平台，推进智慧化服务，实现信息多跑路、群众少跑腿。组织开展系列公共就业服务活动，春风行动、百日千万网络招聘专项行动等贯穿全年不断线，各级公共就业和人才服务机构年均为8 000万人次劳动者、5 000万户次用人单位提供招聘服务。打造过硬服务队伍，实施公共就业服务人员能力提

陕西彬州市人社局深入企业开展就业技能培训服务，让更多农村留守妇女掌握一技之长，实现稳就业、增收入。图为农村留守妇女在企业生产车间制作服饰。

（中国组织人事报社供图）

升计划，一线窗口开展全员练兵比武，努力做到"一口清""问不倒"，把服务做到群众心坎上。

建立健全人力资源市场体系，扩大市场化服务供给，统一规范的人力资源市场基本形成，求职、招工不用两头跑。持续简政放权，最大限度简化人力资源服务许可，全面推行告知承诺制，加大人力资源市场监管，守信激励和失信惩戒的长效机制初步形成，维护了公平有序的环境。加快发展人力资源服务业，培育人力资源服务产业园，国有企业、民营企业和外资企业三类主体在竞争中蓬勃发展。截至2021年底，全国已有各类人力资源服务机构5.91万家，成为促进市场化就业的重要支撑力量。

构建和谐劳动关系，促进就业稳定和就业质量提升。人社部门完善劳动法律制度体系，全面落实劳动合同制度，积极推进集体合同制度，健全协调劳动关系三方机制，规范企业用工行为，深入开展和谐劳动关系创建活动，企业关心关爱职工、职工爱企爱岗的和谐文化理念深入人心。金牌劳动关系协调员、调解组织成为职工信赖的"娘家人"，在劳动争议调解中穿针引线；千名青年仲裁员志愿者联系服务万家企业，从源头上减少劳动争议发生；健全省市县三级劳动保障监察执法网络，系统施治全力"护薪"，"黑名单"制度形成震慑，帮助农民工及时领到工资……硬核举措与贴心服务并举，为劳动者有更稳定的工作、更公平的就业环境、更可靠的权益维护营造了良好生态。

"岗位信息送到家门口，温暖！""劳动争议得到及时化解，点赞！"群众满意，就是服务的动力；群众的笑脸，就是最美的风景。

（六）

　　回眸十年，我国就业促进工作交出一份温暖厚重的答卷。成绩来之不易，这是以习近平同志为核心的党中央坚强领导的结果，是人社部门坚决拥护"两个确立"、始终做到"两个维护"的充分彰显，是广大人社干部持之以恒不懈奋斗的历史担当。

　　知所从来，方明所往。十年坚韧前行，留下弥足珍贵的经验启示。

　　坚持党的全面领导，这是做好工作的根本政治保证。党的十八大以来，我们党立足把握新发展阶段、贯彻新发展理念、构建新发展格局的新要求，从全局高度出发，加强组织领导，调动各方面力量实施就业优先战略，创新实施就业优先政策并置于宏观层面。在党中央坚强领导下，充分发挥组织、制度优势，特别是积极应对中美经贸摩擦、新冠肺炎疫情等冲击影响，把就业摆在"六稳""六保"之首，援企减负稳岗扩就业，充分激发市场主体、社会机构和劳动者的积极性、主动性和创造性，实现了就业形势总体平稳。党的集中统一领导是中国特色社会主义制度的最大优势，只有坚持和加强党的全面领导，才能把稳就业工作做得更加扎实、更加牢靠、更加有效。

　　坚持以人民为中心，这是做好工作的出发点和落脚点。就业是劳动者增加收入、融入社会、实现自身价值的基本前提，是民生的头等大事。我们党始终坚守人民立场，坚持发展为了人民、发展依靠人民、发展成果由人民共享，紧扣人民群众最关心最直接最现实的利益问题,千方百计促进就业创业,为人民创造美好生活奠定了坚实基础。始终坚持人民至上,着力解决群众就业急难愁盼,更好回应人民现实需求,不断增进人民群众的获得感、幸福感、安全感。

坚持就业优先导向,这是做好工作的重大战略政策取向。我国人口众多、劳动力资源丰富,是最大的发展中国家,仍处于并将长期处于社会主义初级阶段。在发展中保障和改善民生,科学制定实施就业方针政策,是对我国基本国情和发展阶段的深刻把握。坚持经济发展就业导向,把发展作为解决就业问题的基础和前提,立足于推动经济增长,广开就业门路,壮大市场主体增加就业,使经济持续健康发展的过程成为就业持续扩大的过程,使经济结构调整的过程成为拉动就业能力不断提高的过程,实现发展经济与扩大就业的良性互动,确保就业工作行稳致远。

坚持坚守底线、突出重点的工作思路。把坚守民生底线摆在第一位,集中力量做好普惠性、基础性、兜底性民生建设,着力稳就业、防失业、促就业,用心用情用力兜住困难群众的基本生活。突出就业领域重点群体、重点问题、重点环节,以重点突破带动整体提升。结合发展形势任务,针对劳动力供求关系变化,从重点解决总量和农业劳动力转移就业问题,到解决总量问题和结构性问题并重,有效破解不同阶段就业面临的主要矛盾。

举目已觉千山绿,宜趁东风马蹄疾。

就业是永恒的课题,承载着人民群众的美好生活。不断满足群众的新期待,没有终点,只有连续不断的新起点。心中装着人

民,手中握有真理,脚踏人间正道,未来无比宽阔。

迈进全面建设社会主义现代化国家、向第二个百年奋斗目标进军的新征程,在以习近平同志为核心的党中央坚强领导下,踔厉奋发、笃定实干、接续奋斗,高质量发展的民生之本必将不断夯实,人民生活更加幸福的画卷必将不断照进现实!

(魏杰　孙忠法)

守护人民对美好生活的向往

——党的十八大以来社会保障事业发展述评

悠悠万事，民生为大。

社会保障是保障和改善民生、维护社会公平、增进人民福祉的基本制度保障，是促进经济社会发展、实现广大人民群众共享改革发展成果的重要制度安排，发挥着民生保障安全网、收入分配调节器、经济运行减震器的作用，是治国安邦的大问题。

"人民对美好生活的向往，就是我们的奋斗目标"。我们党历来高度重视民生改善和社会保障，社会保障制度从无到有、从单项突破到整体推进，形成了社会保障体系基本框架。党的十八大以来，以习近平同志为核心的党中央把社会保障体系建设摆在更加突出的位置，坚持全覆盖、保基本、多层次、可持续方针，推动我国社会保障体系建设进入快车道。截至2021年底，我国基本养老保险参保人数10.3亿人，基本医疗保险参保人数13.6亿人，失业保险参保人数2.3亿人，工伤保险参保人数2.8亿人，织就了世界上规模最大的社会保障安全网，牢牢守护着亿万人民的美好生活。广大人民意气风发、满怀信心，踏上建设社会主义现代化国家新征程，在创造美好生活中迈向民族伟大复兴的宏伟目标。

"故人不独亲其亲，不独子其子，使老有所终，壮有所用，幼有所长，矜、寡、孤、独、废疾者皆有所养。"两千多年前孔子描绘的理想社会，已然徐徐照进现实。这是中华民族的千年梦想和夙愿，这是百年大党初心使命的生动写照。

（一）

思想的闪电总是走在时代的雷鸣之前。社会保障事业的每一步发展，都闪耀着思想引领之光，展现出理论创新之力。

2021年2月26日，习近平总书记主持中央政治局第二十八次集体学习，并就"完善覆盖全民的社会保障体系"发表重要讲话，深刻总结了具有鲜明中国特色的社会保障体系的成功经验，系统回答了我国社会保障事业发展的一系列方向性、根本性、战略性重大问题，深刻阐明社会保障工作的丰富内涵、思想方法、工作任务，为促进社会保障事业高质量发展、可持续发展指明了前进方向、提供了根本遵循。

"大国之大，也有大国之重。千头万绪的事，说到底是千家万户的事。"社会保障工作连着千家万户、事关民生福祉，习近平总书记总是时时牵挂于心、亲自谋划推动。党的十八大刚刚闭幕，总书记同中外记者见面时就深情道出人民期盼有"更可靠的社会保障"；多次主持召开中央政治局会议等重要会议，研究审议养老保险等社会保障问题；提出"社会保障全民覆盖"

的目标，坚持全覆盖、保基本、多层次、可持续方针，推动全面建成覆盖全民、城乡统筹、权责清晰、保障适度、可持续的多层次社会保障体系。每一次进村入户嘘寒问暖，每一项决策部署，都流露着真挚深厚的人民情怀，蕴含着以人民为中心的发展思想。

民之所望，政之所向。人社部门深入学习贯彻习近平总书记系列重要论述和重要指示批示精神，深刻领悟社会保障是治国安邦的大问题，在构建新发展格局和推动共同富裕中承担着重要职责使命，以务实有效举措落实社会保障领域各项改革发展任务，扎实推进社会保障事业高质量、可持续发展。抓改革，统一制度，实现制度公平；抓扩面，把更多的人纳入社保体系，实现应保必保；抓机制健全，合理调整，稳步提高各项社会保险待遇；抓保大局，减轻企业负担，稳市场主体稳就业，助力脱贫攻坚和乡村振兴；抓基金调剂统筹，确保养老金足额发放；抓管理监督，完善基金风险防控体系，守好"保命钱"；抓服务，健全管理服务网络和公共服务平台，提升群众办事体验。

这是一份亮丽的民生答卷：2012年以来，我国基本养老保险参保人数从7.88亿人增加到10.3亿人，失业保险参保人数从1.52亿人增加到2.3亿人，工伤保险参保人数从1.9亿人增加到2.8亿人；6 098万建档立卡贫困人口参加基本养老保险，参保率稳定在99.99%以上。看似寻常最奇崛，成如容易却艰辛。每串闪光数字的背后，都凝结着人社部门的政治担当和辛劳汗水。

"社保政策暖万家，幸福日子万年长！""生活有了保障，日子更有奔头。"政府代缴了城乡居民养老保险费，山东日照市

重度残疾农民崔大叔领上养老金,喜笑颜开;江西瑞金市的肖奇栏工伤后,规定范围内的16万元医药费全部报销,拿到了一次性伤残补助金,按月领取伤残津贴;福建南安市民李西芳退休20多年,养老金涨了3倍多,

春节期间,江西吉水县人社服务不放假,线下、线上持续为群众提供优质便捷的服务。图为工作人员在手机上为群众办理社保转移业务。

（中国组织人事报社供图）

日子过得有滋有味。从城市到农村,政策甘霖饱含着深情和厚意;从天南到海北,幸福笑脸倾诉着温暖和感激。

（二）

"从2022年1月开始,实施企业养老保险全国统筹。"消息甫出,广大群众拍手称好。从县级统筹起步,逐步提高到市级统筹和省级统筹,再到全国统筹。统筹层次越高、统筹面越广,

意味着统筹效率就越高，互助共济功能就越强。

养老保险制度发展的走势图，生动勾勒出中国特色社会保障制度改革的坚实步伐，标志着我国社会保障治理体系和治理能力现代化迈向新的高度。2016年，国际社会保障协会授予中国政府"社会保障杰出成就奖"。

制度问题更带根本性、全局性、稳定性和长期性，制度优势是党和国家的最大优势。党的十八大以来，我国社会保障体系建设进入改革力度最大、发展速度最快、覆盖范围最广的时期。紧扣增强公平性、适应流动性、保证可持续性，增强改革的系统性、整体性、协同性，从试点探索、建章立制到全面推进、构建体系，再到系统集成、协同高效，一路蹄疾步稳、勇毅笃行，推动社会保障制度更加成熟更加定型。

走好全国一盘棋，推动系统集成。统一城乡居民养老保险制度，实现机关事业单位和企业养老保险制度并轨，形成职工养老和居民养老两大制度平台，让改革发展成果更公平地惠及人民群众；出台城乡养老保险制度衔接、机关事业单位基本养老保险关系和职业年金转移接续政策，搭桥连线织密网。发挥集中力量办大事的制度优势，建立健全企业职工基本养老保险基金中央调剂制度，均衡了省际结构性矛盾，从"各管一亩地"到"共注一方池"，4年时间跨省调剂资金达6 000多亿元，缓解了中西部地区和老工业基地省份基金支付压力；建立养老保险全国统筹制度，实现了养老保险基金全国范围内地区间余缺调剂。一网兜进所有人，打破城乡分割、职业分割，不分"城里人、乡下人"，不分体制内、体制外，面对年老、失业、工伤等风险时都有了相应的制度保障，社会保障的阳光雨露洒向每个社会角落。

坚持问题导向，勇毅攻坚破难。紧盯老百姓在社会保障方面反映强烈的操心事、烦心事、揪心事，紧盯制约社会保障体系建设的硬骨头，以钉钉子精神推动改革落实。面对老年生活更有质量的期盼，在基本养老保险基础上，扩大企业年金覆盖面，建立机关事业单位职业年金制度，实施由政府政策支持、个人自愿参

针对新业态领域从业人员日渐增多的情况，为维护他们的劳动保障权益，春节前夕，四川广安市社保局组织专门队伍，到全市新业态领域巡回宣传社保政策，提高社保政策知晓率和业务经办满意度。图为社保局工作人员向美团从业人员宣传社保政策。

（邱海鹰摄）

加、市场化运营的个人养老保险制度，推动建立"三支柱"养老保险体系，让退休后多有一份收入；面对"生命至上、安全第一"的需求，实施工伤预防五年行动计划，优化工伤康复确认流程并缩短确认时限，推进工伤保险预防、康复、补偿"三位一体"制度体系建设，为职工群众健康安全撑起"保护伞"。

强化法治思维，推动社会保障行稳致远。陆续出台实施相关行政法规和配套规章，各项法律法规不断健全完善，依法落实各级政府和用人单位、个人、社会的社会保障权利、义务、责任，推动社会保障体系在法治轨道上健康发展。

（三）

社会保障是现代经济社会的"减震器"，不仅具有互助共济功能，而且具有经济运行逆周期调节功能，可以改善居民消费预期，拉动有效需求，为劳动力要素顺畅有序流动创造环境条件。以人民利益为上，以万家疾苦为重。人社部门扛起政治责任、担当作为，政策应出尽出，办法能用尽用，充分发挥社会保障在助力疫情防控、决胜全面建成小康社会、决战脱贫攻坚中的积极作用，以政策支持传递发展信心，以便民服务提升民生温度，为经济社会发展注入强劲动能。

疫情要防住、经济要稳住、发展要安全。面对新冠肺炎疫情反复袭扰，人社部门发挥职能优势，统筹疫情防控和经济社会发展，推动社会保障政策与其他领域政策协同联动，紧紧围绕保市场主体、纾困中小企业、稳定和扩大就业展开行动。先后 6 次降

低社保费率，5项社保总费率从41%降到33.95%，有力促进了实体经济和民营企业发展。2020年启动实施力度空前的"减免缓降返补"政策，三项社会保险为企业减负1.54万亿元，占整个减税降费的2/3，失业保险稳岗返还1 042亿元。这些政策含金量高、受益面广、落实及时，得到企业普遍欢迎和高度认可。

面对疫情反复和经济下行压力，人社部2022年再度出台助企纾困政策，扩大阶段性缓缴三项社会保险费政策实施范围，22个特困行业和符合条件的困难中小微企业受益；发挥失业保险稳岗作用，加大稳岗返还支持力度，在中小微企业稳岗返还比例由60%最高提至90%的基础上，大型企业稳岗返还比例由30%提至50%；拓宽一次性留工培训补助、技能提升补贴受益范围；继续实施失业保险保障扩围政策……全力以赴保市场主体保就业保民生，为稳住经济大盘积极贡献人社力量。

社保扶贫是脱贫攻坚的底线工程，是实现"小康路上一个都不能少"的根本保障。把社会保障兜底扶贫作为基本防线，加大重点人群救助力度，用社会保障兜住失去劳动能力人口的基本生活；聚焦特殊贫困人口精准发力，加快织密筑牢民生保障安全网，支持帮助建档立卡贫困人口、低保对象、特困人员等困难群体参加城乡居民养老保险，地方政府为其代缴部分或全部最低标准的养老保险费；为深度贫困地区送去提高失业保险金标准、提高企业稳岗返还标准等政策礼包；开展贫困人员"应保尽保"行动，十几万社保干部钻山沟、攀悬崖、涉险滩，把党的真情与厚爱送到千家万户。2013年以来，贫困地区农村居民人均可支配收入从

新疆柯坪县人社局组建志愿者服务队,通过入户指导、制作展板、现场咨询等多种形式,深入农村让更多群众了解电子社保卡的办理流程及使用说明。图为人社局干部为群众讲解电子社保卡申领流程。

(中国组织人事报社供图)

6 079元提高到12 588元,年均增长11.6%。世界银行官员感叹,"中国的有效社保成为扶贫基石"。

充分发挥社会保障再分配功能,在高质量发展中促进全体人民共同富裕。坚持把民生保障作为畅通国内大循环的出发点和落脚点,紧扣扩大内需这个战略基点,健全多层次社会保障体系,免除群众后顾之忧,提高居民消费能力和意愿,以改善民生为导向扩大消费。经济高质量发展为社会保障事业发展提供了强大的物质基础,社会保障事业高质量发展为经济高质量发展提供了有力支撑。与经济发展相适应,建立健全待遇确定和合理调整机制,稳步提高社会保障待遇，有效改善低收入群体生活，推动全民共享、全面共享、共建共享、渐进共享改革发展成果。企业职工月人均养老金从1 686元增长到2 900多元，城乡居民月人均养老金从82元增长到179元；全国月平均失业保险金水平由707元提高到1 585元；工伤保险待遇水平稳步提升，在年享受待遇人数仅增长7.8%的情况下，基金支出增长近1.5倍，达到990亿元，为广大工伤职工提供了更有力的医疗救治和生活保障。被征地农民、退捕渔民享受养老保险缴费补贴，工伤保险创新建设工程按项目参保方式，失业保险扩围保障城乡所有参保失业人员，取消灵活就业人员参保户籍限制，让更多的人享受到发展的成果。

（四）

问渠哪得清如许，为有源头活水来。社保基金是社会保障事业发展的物质基础和先决条件，事关社会保障制度的平稳运行，事关人民群众切身利益，也是养老金上调的强力支持。党的十八大以来，实施全民参保计划，实行基础养老金全国统筹，启动实施基本养老保险基金投资运营，划转国有资本充实社保基金，随着重磅政策举措不断发力，养老基金盘子越来越大，支撑能力不断增强。

推进社保扩面征缴。深入推进全民参保计划，开展史上规模最大、范围最广的全民参保登记工作，建立覆盖13.9亿人的全民参保数据库；聚焦农民工、灵活就业人员、新业态从业人员等重点群体，实施精准推送式宣传，推动应保尽保；完善社保参保缴费激励约束政策，引导群众"多缴多得、长缴多得"；放开 2 亿灵活就业人员在就业地参保户籍限制，加强劳动者权益保障。社保覆盖范围持续扩大，社保基金收入不断增长。截至 2022 年，基本养老、失业、工伤 3 项社会保险基金累计结存 6.9 万亿元，为社保制度健康平稳运行奠定了坚实基础。

拓宽基金筹资渠道。稳步开展基本养老保险基金投资运营，推动基金市场化、多元化、专业化投资，健全监管制度与机制，在确保安全的前提下，让老百姓的养老钱真正得到保值增值。截至 2021 年底，基本养老保险基金委托投资合同规模超过 1.51 万亿元，年均投资收益率近 6.5%，投资收益额超过 2 600 亿元。加大财政补助力度、划转国有资本充实社保基金，"十三五"期间中央财政资金净拨入累计 2 150 亿元，截至 2022 年累计划转 93 家中央企业和中央金融机构国有权益总额 1.68 万亿元，为社保基金可持续发展提供坚实的国资后盾。

维护社保基金安全。健全社保基金监管体系，强化收支管理和运行监测，加大监督检查力度，严厉打击欺诈骗保、套保和挪用贪占各类社保资金的违法行为，确保各项社保基金的安全完整，守护好人民群众的每一分"养老钱""保命钱"。天津健全政策、经办、信息、监督"四位一体"风险防控体系，提升社保基金风险防范识别化解能力；山东强化人防、制防、技防、群防"四防"协同，实行全链条强监管；贵州建立多部门联动打击社会保险欺诈犯罪长效机制，筑牢基金安全"防火墙"。

（五）

办张社保卡需要多久？立等可取。拥有社保卡能干什么？不仅能够办理就业服务、领取养老金、看病报销等 100 多项业务，还能购买水电燃气、乘坐公交、游园观景。网友称道："一卡在手办事无忧，诗和远方尽收囊中。"

一张卡的变迁，折射出作风建设带来的积极变化，承载着"人社工作为人民"的炽热初心。

公共服务是落实社会保障政策的重要载体。每件事项办理速度的快慢，每位工作人员服务脸色的冷暖，每次办事前后的体验，都关联着人民对美好生活的向往，关系到党和政府在群众心目中的形象。利民之事，丝发必兴。人社部门坚持致广大而尽精微，不断提高社会保障管理精细化程度和服务水平，推动社保经办服务从"有没有"向"好不好"转变，从方便自我向方便群众转变，用更加贴心暖心的民生温度，装扮老百姓的"表情包"。

完善社会保障管理体系和服务网络。围绕记录一生、保障一生、服务一生，全国建立起 5 400 多个县级以上社会保险经办机构，基本形成从中央到省、市、县、乡镇（街道）统筹城乡的五级社保经办管理服务网络。拓展全国统一的社会保险公共服务平台功能，开通全国性、跨地区的 52 项社保公共服务，各地平台应接尽接、服务应上尽上，累计访问量突破 30 亿人次，群众办事"畅行无阻、全网漫游"。推动社保经办服务向群众身边延伸，不少高频服务事项下沉至基层平台，深圳、南京等地建立 15 分钟

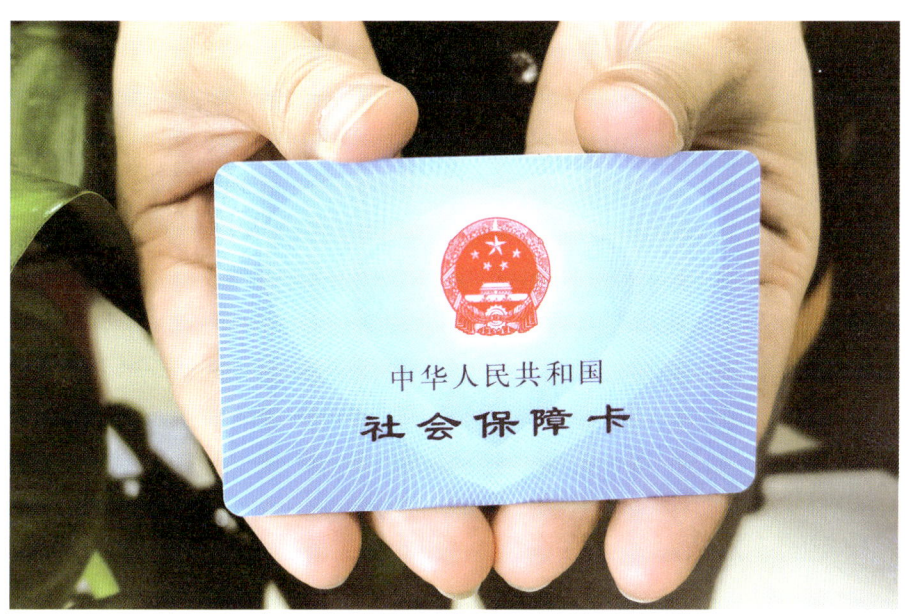

社保卡

社保"服务圈"。就近办、线上办、快速办,群众办理社保事务更加方便快捷。

面向老百姓的事,就要删繁就简、阳光透明。开展人社服务快办行动,清事项、减材料、压时限,关联事项打包办、高频事项提速办、异地事项跨省办、所有事项简便办,从一件事"一次办好"到免申即办"一次不跑",从"人找政策"到"政策找人",从"就近可办"到"上门帮办",不断优化企业、群众的办事体验。推进社保政策待遇"看得懂算得清",贴近实际、贴近生活、贴近群众,把社会保障政策向基层、向群众讲清讲透,让老百姓看得懂、算得清、用得上,搭建起服务群众的连心桥。

顺应数字化发展趋势,提高社会保障治理效能。推进社保经办数字化转型,创新服务模式,开展"一网一门一次"改革,推行"不见面"审批,把企业、群众最关心的事项端到网上、移动端办理,让数据多跑路、群众少跑腿。坚持传统经办服务方式与智能化创新并行,针对老年人、残疾人等群体,畅通代办服务的线下渠道,不断完善适老化服务,不让一个"慢跑者"掉队。

群众的笑脸,就是努力的方向;群众的口碑,就是最大的褒奖。

(六)

却顾所来径,苍苍横翠微。

党的十八大以来,我国社会保障事业取得历史性成就,根本在于以习近平同志为核心的党中央的坚强领导,坚持发挥党的领导和社会主义制度的政治优势,集中力量办大事;在于坚持人民至上,坚持共同富裕,把增进民生福祉、促进社会公平作为发展社会保障事业的根本出发点和落脚点;在于坚持制度引领,用改革的办法和创新的思维解决发展中的问题,不断将具有鲜明中国特色的社会保障体系建设推向前进。

这些宝贵经验是从中国土地生长出来的,凝结着党和人民的智慧,具有深刻的历史逻辑、理论逻辑、实践逻辑。要坚持和发展这些成功经验,不断总结,不断前进。

坚持党的领导是社会保障事业发展的根本保障。坚持发挥中国共产党领导和我国社会主义制度的政治优势,悟透以人民为中心的发展思想,进一步织密社会保障安全网,提供更可靠更充分的保障,不断满足人民群众多层次多样化需求,照亮人民群众对美好生活的向往。坚持系统观念,把握好新发展阶段、新发展理念、新发展格局提出的新要求,在统筹推进"五位一体"总体布局、协调推进"四个全面"战略布局中思考和谋划社会保障事业发展。坚持国家顶层设计,做到全国一盘棋,准确把握社会保障各个方面之间、社会保障领域和其他相关领域之间改革的关系,提高统筹谋划和协调推进能力,确保各项改革形成整体合力。坚持制度的统一性和规范性,不能自行其是、搞变通,推动党中央决策部署和各项改革方案的贯彻落实。

改革是推动发展的根本动力,是推进社会保障制度更加成熟定型的必然要求。坚持制度引领,弘扬改革创新精神,围绕全覆盖、保基本、多层次、可持续等目标,立柱架梁、夯基垒台,统筹城乡、并轨运行,应保尽保、全面覆盖,兜底线、织密网、建机制,推动社会保障体系建设与经济发展同频共振,与社会主义现代化建设同向而行,提升社会保障治理效能,为经济社会高质量发展保驾护航,为全体人民共同富裕铺就温暖底色。

立足国情、实事求是、与时俱进,在发展中不断保障和改善民生。经济发展和社会保障是水涨船高的关系,水浅行小舟,水深走大船,违背规律就会搁浅或翻船。当前,我国仍处于并将长期处于社会主义初级阶段的基本国情没有变,我国是世界上最大发展中国家的国际地位没有变,社会保障不能脱离这个最大实际。要坚持实事求是、一切从实际出发,坚持尽力而为、量力而行,不做超越发展阶段和财力水平的事情,始终立足保基本,从基本权益做起,循序渐进、积少成多,在做大"蛋糕"的同时分好"蛋糕"。

改革与法治如鸟之两翼、车之双轮。越是改革进入攻坚期、深水区，越是要在法治轨道上推动社会保障事业健康发展。要加强社会保障立法工作，做到推进工作有法可依，深化改革于法有据。强化社会保险法律法规实施，提高执法有效性、权威性。依法健全社会保险基金监管体系，强化收支管理和运行监测，以零容忍态度打击各类欺诈骗保行为，守护好人民群众的每一分"养老钱""保命钱"。

东风浩荡满目新，砥砺奋进正当时。

保障和改善民生没有终点，只有连续不断的新起点。迈向新时代新征程，要坚持以人民为中心的发展思想，以更大的改革勇气、更积极的进取精神，推动社会保障高质量发展、可持续发展，不断增强人民群众的获得感幸福感安全感，为人民创造美好生活筑牢坚实的根基。

（刘祖华　朱亚勤　黄欢）

凝聚逐梦复兴的创新力量

——党的十八大以来专业技术人才工作述评

（一）

人才是第一资源，创新是第一动力。

专业技术人才队伍是人才队伍中的重要方阵，是推动高质量发展的骨干力量，对科技创新起着重要的引领作用。

凡树有根，方能生发；凡水有源，方能奔涌。党的十八大以来，习近平总书记站在党和国家事业发展全局的战略高度，为我国人才事业发展擘画蓝图，提出了一系列新思想、新论断、新要求，为做好新时代专业技术人才工作提供了根本遵循。从全面实施重大人才工程到作出加快建设人才强国的重大决策，从出台深化人才发展体制机制改革意见到召开中央人才工作会议，从发布国家创新驱动发展战略纲要到编制国家"十四五"期间人才发展规划……一次次审时度势的决策，一场场指引方向的部署，倾注着对人才的关爱、凝聚着对人才的渴求，为专业技术人才队伍建设领航导向，托举起人才强国的梦想。

思想之光照亮奋进方向，引领实践突破。人社部门深入学习贯彻习近平总书记关于做好新时代人才工作的重要论述，深刻认识专业技术人才队伍在中华民族伟大复兴中的地位和作用，聚焦提高核心技术创新能力，建设国家战略人才力量，在培养集聚创新人才上下功夫，在改革人才发展体制机制上攻坚克难，在优化人才发展环境上集中发力，造就"顶天立地"的专业技术人才队伍，人才创新创业活力不断增强，覆盖全体专业技术人才的政策制度体系逐步健全，有利于人才成长和发挥作用的环境日益优化。

厚重的"人才账本"，夯实中国创新的家底。截至2019年底，我国专业技术人才总量达7 839.8万人，比2010年底增长近1 300万人。人才队伍整体素质不断提升，百千万人才工程国家级人选达6 500多人，留学回国人员423万人，具有高级职称以上人员占11.3%，大学本科及以上学历人员占48%。人才创新能力不断提高，服务支撑国家重大战略效能持续增强，广大专业技术人才以国家富强、民族振兴、人民幸福为己任，攻坚克难、勇攀高峰、挥洒才智，取得一大批重大科技创新成果，量子通信、神舟探月、北斗导航、"羲和"逐日、"祝融"探火、"天宫"遨游太空、海水育稻……一次次创新难题的征服，一项项创新突破的成果，推动科技创新从"跟跑"向"并跑""领跑"转变，我国创新指数全球排名从2012年的第34位快速上升到2021年的第12位，进入创新型国家行列。

这是更多千里马竞相奔腾的新时代，这是创新创业潮波澜壮阔的新征程，这是人才事业与国家梦想同频共振的雄浑诗章。

（二）

有这样的消息经常在网络刷屏。2022年4月，神舟十三号刚着陆，说着"北京明白"的90后年轻总调度高健，在网络走红；重庆大学计算机学院的95后博导冯磊的信息，登上热搜……

有这样的年龄数字让人记忆深刻。载人航天工程研制队伍，35岁以下的年轻人占到80%；"天舟一号"研制团队，平均年龄只有32岁……

"要走好人才自主培养之路"。人才工作，基础在培养，难点也在培养，当今世界人才的竞争首先是人才培养的竞争。

2021年5月15日，我国首次火星探测任务天问一号探测器着陆火星成功，航天科研人员在北京航天飞行控制中心指挥大厅庆祝。

（金立旺 摄）

专家是党和国家的宝贵财富,是党执政兴国的重要依靠力量。坚持实践标准和贡献导向、突出"高精尖缺",优化人选结构、严格选拔条件程序、提升人选质量……党的十八大以来,选拔 5 批近 2.5 万名高层次、高技能人才享受政府特殊津贴,基本覆盖科教文卫、工农业生产、国防等经济社会各个领域。以实施政府特殊津贴制度为重要抓手,上下衔接、梯次跃进的专家培养选拔制度体系正在加快形成。

工程引领,铸魂育人。瞄准世界科技前沿,能引领和支撑国家重大科技、关键领域实现跨越式发展的高层次中青年领军人才,百千万人才工程集优势资源,聚培养合力,探索建立起"高级研修和实践锻炼相结合、国内培养和国际交流合作相衔接的开放式培养体系",选拔培养了一批高层次专业技术人才,在重大科研项目攻关、重点工程建设、民生福祉改善方面,引领创造了众多进入世界前列的科技成果。

博士后制度是培养高层次创新型青年人才的一项重要制度。加强博士后科研流动站、工作站建设,博士后培养的"孵化点"越来越多;聚焦重点领域,大力实施博士后创新人才支持计划和博士后国际交流计划,吸引国内外优秀博士从事博士后研究;办好全国博士后创新创业大赛,搭建高水平的交流展示和"揭榜挂帅"平台;完善博士后经费多元投入机制,加快博士后科学基金会改革,统筹使用各类人才、科技等经费基金,加大对博士后的支持力度。到 2021 年底,全国共有博士后科研工作站 3 888 个,累计招收培养博士后近 30 万人。具有中国特色的博士后制度体系、工作体系和服务体系，培养和吸引了一大批博士后人才，激发出他们的创新创造活力。

从湖北省"博士后人才倍增计划"到江苏省"卓越博士后计划"，从福建省推出"海峡博士后交流资助计划"到广东省积极构筑产学研一体化平台促进成果转化落地，一项项各具特色的博士后培养和引才计划，大幅度提升博士后制度吸引力，不断打造博士后培养的新高地。

加强继续教育，经常性地进行知识更新，是创新创造不断涌现的助推力。紧贴新时代人才强国战略，按照高水平、小规模、重特色要求，举办国家级高级研修班，培养高层次专业技术人才；以更新知识结构、掌握先进技术、提升专业水平、提高创新能力为主要内容，培养培训急需紧缺专业技术人才；面向人工智能、物联网、大数据、云计算、数字化管理、智能制造、工业互联网、虚拟现实、区块链、集成电路等数字技术技能领域，培养培训数字技术工程师；分期建设一批国家级继续教育基地，建立退出机制，实行动态管理，同步推进培训项目、专家师资、教材课程、课题研究、在线学习等建设……国家重大战略部署到哪里，地区行业发展需求在哪里，工程就跟进到哪里、服务到哪里。专业技术人才知识更新工程的稳步实施，为创新型应用型技术型人才不断涌现、高水平工程师队伍不断壮大奠定着能力基础。

开展特培工作是党中央、国务院对新疆、西藏少数民族专业技术人才的特殊关爱。围绕铸牢中华民族共同体意识，突出工作重点，坚持需求导向，紧贴新疆、西藏高质量发展需要培养人才；

坚持目标导向，加快培养新疆、西藏高层次急需紧缺人才；坚持问题导向，健全完善新疆、西藏特培工作制度机制；坚持结果导向，鼓励支持学员返岗发挥作用。采取选派学员赴有关省（区、市）进行为期1年的特殊培养、组织专家服务团送技到边疆等方式，为新疆、西藏培养出一批批高质量的专业技术人才，为实现新疆、西藏社会稳定和长治久安提供了人才保障。

专题讲座、教学查房、临床会诊，16名全国儿科知名专家组成的专家服务团来到天山南麓的阿克苏，为基层医务人员面对面答疑解惑，手把手传经授技；西藏日喀则市的巴桑片多作为特培学员来到上海市疾控中心，学习1年返岗后建立起该市第一个慢性病综合防控示范区……新疆、西藏少数民族专业技术人才特殊培养工作，在教育、医疗卫生、农牧科技、人文艺术等多个领域播下了希望之种，为促进新疆、西藏高质量发展和提高人民生活水平添砖加瓦。

培植好人才成长的沃土，让专业技术人才根系更加发达，为创新创业注入了源源不断的动力，也在培厚着创新强国人才强国的坚实根基。

（三）

没有发表一篇论文，凭借出色的教学工作业绩，南京林业大学教师蒋华松被评为教授；只有大专学历的陈斌，凭着研发机器获得的超高专利分，破格评上了高级工程师……

这是一次破枷锁、解难题的自我革命，这是一次激发创新创业活力的重要变革。克服唯学历、唯资历、唯论文、唯奖项的倾向，突出品德、能力、业绩导向，完善评价标准、创新评价机制、拓展评审范围，包括中小学教师、高校教师、医护人员等在内的27个职称系列的改革指导意见相继出台，涉及 7 800 多万名专业技术人才的职称评审政策迎来多年未有的大调整，为各类人才干事创业撑起了一片广阔天地。

评价标准是人才发展的定盘星，评价一个人才，就是树立一个标杆。对科研人员主要看研究成果能否"顶天立地"；对卫生专业技术人员主要突出临床实践能力评价，把能看病、会看病、看好病作为临床医务人员职称评价的主要内容，临床病案、手术视频、流行病学调查报告等成果形式可替代论文要求；对各类教师主要突出教育教学能力和业绩，把教学质量作为主要标准，坚持以实绩论英雄，改变片面将论文、专利、资金数量作为人才评价标准的做法……以品德、能力、业绩为导向，从重数量向重质量转变，解决评价标准简单量化、"一把尺子量到底"等问题，充分释放出人才的创新创造活力。

适应经济社会发展新需求，在新兴职业领域增设职称评审专业，畅通非公有制经济组织、社会组织、自由职业专业技术人才职称申报渠道；将正高级职称覆盖到各类专业技术人才，经济、会计、统计、农业、船舶、飞行、工艺美术、实验、中职教师、技校教师等系列的专业技术人员均可参评正高级职称……着眼于打破人才成长天花板，拓展职业发展空间，扫清民营企业人才参加职称评审的隐形门槛，让越来越多的群体提升职业成长高度。

"没有想到我在民营企业也可以评职称了。"一个在私企工作的网友点赞。

"外行看热闹,内行看门道。"丰富职称评价方式,建立以同行专家评审为基础的业内评价机制,注重引入市场评价和社会评价,在县以下基层开展职称"定向评价、定向使用",鼓励有条件的地区单独建立基层专业技术人才职称评审委员会或评审组,促进人才向基层一线流动。下放职称评审权限,发挥用人主体在职称评审中的主体作用,推动高校、医院、科研院所、大型企业和其他人才智力密集的企事业单位按照管理权限自主开展职称评审。"评人的不用人,用人的不参评""想用的人评不上,评上的人用不上"等现象得到有效破解。"从填报到提交申请只用了5分钟",方便快捷的服务,让下载打印中级电子职称证书的南京方女士感到的是放心、舒心。

落实国家职业资格管理制度,持续减少职业资格许可认定事项,对职业资格实行清单式管理,严格控制新设职业资格;查处违规开展职业资格许可和认定问题,集中治理职业资格证书"挂靠"问题,形成打击"挂证"高压态势;实行专业技术人员职业资格证书管理便利化改革,扩大水平评价类职业资格社会化评价范围;将职称制度与职业资格制度进行有效衔接……职业资格"瘦身减肥",让市场的归市场,政府的归政府,在不断改革中焕发出新的生机,释放出市场活力,激发专业技术人才干事创业的潜能。

改革解决的是人才职业发展瓶颈难题,迸发出的是干事创业的火热激情。

（四）

2020年初，新冠肺炎疫情突如其来，人民生命安全和身体健康受到严重威胁。广大专业技术人才积极投身抗疫一线，医务人员白衣执甲、逆行出征，科技人员组织科研攻关，开展病毒溯源、试剂检测，推进疫苗研发，加紧研制病毒检测产品和防疫利器；专家学者及时发声、答疑解惑，稳定人心、坚定信心，驱散阴霾、点亮希望。

坚持"四个面向"、服务国家重大战略，是专业技术人才工作的使命所在、价值所求。专业技术人才事业的每一步发展，都与经济社会发展同频共振，都与科技进步和自主创新相衔接，紧紧围绕经济社会发展的大局，服从服务于科技进步，促进人才、科技、经济的紧密结合，推动专业技术人才把论文写在祖国大地上，把科技成果应用到"三新一高"和为民造福之中。

加强与京津冀协同发展、雄安新区、海南自由贸易港、长三角区域一体化、粤港澳大湾区等区域性国家重大战略的衔接，推动人才评价互认互准，完善国际人才评价机制，建立高层次人才信息库，为区域协调发展提供精准、科学、高效的人才供给。新一轮专业技术人才知识更新工程，将重点放在新一代信息技术、生物技术等战略性新兴产业领域，为社会培养大批卓越工程师。首届全国博士后创新创业大赛紧贴市场需求、企业痛点，贯通融合创新链、产业链，促成现场签约项目55个，意向合作金额约12亿元，75%的获奖项目拥有可以投入市场的产品或者成熟的技术；在全国范围内，3 800多家博士后科研工作站所研究领域已覆盖国民经济主要行业，成为加速科研成果转化的催化剂，锻造高级技术专家的孵化器。

人才是贫困地区、基层地区最稀缺的资源之一。围绕脱贫攻坚、乡村振兴，贯彻落实鼓励引导人才向艰苦边远地区和基层一线流动的意见，进一步完善人才培养吸引流动和激励保障机制，鼓励引导更多优秀人才到基层建功立业。"三区三州"等深度贫困地区全面开展职称"定向评价、定向使用"和部分专业技术人员职业资格考试单独划定合格标准工作，优先在贫困地区遴选建设国家级专家服务基地，激发专业技术人才助力精准脱贫的内生动力。实施专家服务基层行动，组织近5万名专家深入基层，建设131家国家级专家服务基地，带动人才、技术、管理、项目等要素向基层流动，被誉为推动基层发展实实在在的"暖心工程"。各具特色的博士后科技服务团、博士后服务团、专家服务团，引导各个领域的专业技术人才走农家、进地头，下工厂、到学校，把智慧的种子播撒到脱贫攻坚、乡村振兴战场，点亮脱贫致富的希望之火。

"你在前线抗击疫情，我在后方保驾护航。"疫情突袭，人社部鼓励广大人才紧紧围绕疫情防控，解决重大专业技术课题和人民生命健康难题，把业绩贡献在疫情防控一线，为打赢疫情防控阻击战提供了强大的智力支持和科技支撑。发挥职称评价"指挥棒"作用，出台做好新冠肺炎疫情防控一线专业技术人员职称工作的通知，对参加疫情防控一线工作的医务人员，优先晋升职

2020年3月23日,武汉市第一医院的医护人员在武汉天河机场为广东第14批援鄂医疗队送行。

(陈晔华 摄)

称或专业技术岗位等级;关心关爱医护人员,落实人事激励措施,奖励重点向疫情防控救治一线做出突出贡献的医务人员倾斜;与相关部门联合印发关于建立保护关心爱护医务人员长效机制的指导意见,切实保障医务人员权益,推动全社会形成尊医重卫的良好氛围。

实现高水平科技自立自强,归根结底要靠高水平创新人才。着眼于充分释放人才创新创造活力,完善事业单位人事管理制度,建立以信任为基础的人才使用机制,坚持发挥市场决定作用和更好发挥政府作用结合,强化用人单位等市场主体作用,打通人才流动壁垒，促进人才资源合理有序流动；聚焦关键核心技术项目和重大应急攻关项目，实行揭榜挂帅、赛马等制度，让更多引领创新的科技人才打擂台、破难题，促进更多科技创新实现"从0到1"的突破。无菌实验室里，航天器试验场上，国家重大项目攻关队伍中，企业科研一线，各行各业的专业技术人才聚焦科技前沿问题，加强关键核心技术攻关，促进了我国科研实力和自主创新能力的提高。

人才优势持续转化为创新优势、竞争优势和发展优势，为全面建设社会主义现代化国家提供了坚强人才保证和智力支持。

（五）

2021年10月，第六届全国杰出专业技术人才表彰会隆重召开，93名全国杰出专业技术人才和97个先进集体获得公开表彰。一批国家重大战略、重大科研项目、重大工程中的领军人才和团队，长期坚持工作在一线的基层优秀专业技术人才等受表彰对象站在领奖台上。"这是对整个团队的鞭策和鼓励"，获奖的中国散裂中子源研究集体负责人陈延伟发出感叹。

水不激，石则不鸣；人不激，志则不宏。从构建充分体现知识、技术等创新要素价值的收益分配机制，到改革完善体现岗位绩效和分级分类管理的事业单位薪酬制度；从健全完善人才向基层一线、艰苦边远地区流动的激励政策，到完善事业单位人事管理制度，支持鼓励事业单位科研人员兼职创新、离岗创业……政策的不断改革完善，进一步提升专业技术人才的获得感、幸福感，激励着专业技术人才敢坐"冷板凳""十年磨一剑"。

"当我看到支持事业单位专业技术人员创新创业的文件时,我就向单位提交了申请,算是河北吃螃蟹的人了。"2016年3月,河北省环境监测中心生态监测室耿炜成为河北科技人员离岗创业第一人。有人感触良多,"离岗创业这样一根保险绳,让人没了后顾之忧,能够大胆往前闯。"

最是服务暖人心。持续深化转职能、转方式、转作风,推进人才领域"放管服"改革,向用人主体充分授权;发挥各类人力资源服务机构市场化引才作用,为创新创业人才提供职称评审、社保落实、手续代办、配偶就业、子女入学等相关服务;加大人才服务体系信息化建设力度,推进网上"能办尽办""一网通办";加快人才服务平台建设……坚持完善服务体系,更新服务理念,创新服务方式,减少审批事项、简化优化流程、减轻人才负担,以更立体更细致的优质服务,营造拴心留才的良好氛围。

上海市大力推进人才服务"一网通办",优化升级海外人才居住证制度,不断完善人才待遇保障体系;重庆市向"博新计划"博士后发放"重庆英才服务Ａ卡",将博士后纳入重庆英才"渝快办"范围对象,享受75项贴心服务……"店小二""保姆式""一站式服务",成为各地人社服务的高频词。各种服务暖心政策,输出的是服务,得到的是人心,成就的是事业。

留学回国人员是国家宝贵的人才资源。从持续举办留学回国人员创业研修班,到深度破解留学回国人员永居落户、科技成果转化等突出难题,狠抓优惠政策的配套落实,建立更加普惠式的

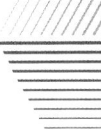

服务保障体系，全方位支持留学回国人员创新创业，再到推动各地创业园信息、资源共享，实施中国留学人员回国创业启动支持计划，开展创业导师走进留创园等活动，为留学回国人员提供"店小二"式的全方面服务，让他们安心、顺心。留创园这个"聚才之所"，成为创新人才政策的"试验田"、孵化创新创业梦想的摇篮，也正在成为人才茁壮成长、事业蓬勃发展的"梧桐园"。

激励产生动力，关心增加安心。让专业技术人才既有"里子"，也有"面子"，激励专业技术人才，尤其是青年专业技术人才迸发出创新创造的无穷活力。

（六）

有这样一些画面，让人印象深刻。

2020年初，新冠肺炎疫情突袭武汉。84岁的钟南山院士义无反顾挤上前往武汉的列车。

张桂梅多种疾病缠身，手上贴满膏药，依然不知疲倦，在大山深处持续点亮2 000多名女孩的梦想。

……

无论是抗击疫情的胶着战场，还是脱贫攻坚、乡村振兴的火热现场，无论面对的是未知的险情，还是卡脖子难题，专业技术人才始终用于家为国的深情、革故鼎新的勇气和坚忍不拔的毅力创造着中国奇迹。从国家实验室到航天器试验场，从重大项目攻关到企业科研一线，都留下了他们的足迹、汗水，甚至是血水。

感人心者莫先乎情，情感的力量最深沉持久。从深入开展"弘扬爱国奋斗精神、建功立业新时代"活动到举办高层次专家国情研修班,从弘扬科学家精神到学习"西迁精神",从各级领导干部与专家人才真诚交朋友、结对子到开展专家休假、走访慰问,一系列的团结引领服务,不断系牢党和人才的"红色纽带",切实增强专业技术人才对党的政治认同、思想认同和情感认同,实现增人数和得人心的统一。

这里有家国情怀、理想信仰的初心照耀。在"祖国需要你"的召唤下,海外学子放弃国外优厚待遇,毫不犹豫踏上回国路;一支铿锵的动员号角下,17万余名教师投身脱贫攻坚,1 272个县有了教育斩穷根的希望;一声抗击疫情的召唤,4万多名医务

张桂梅督促学生好好锻炼身体

(江文耀 摄)

人员深夜请战、星夜逆行，用血肉之躯护佑人民群众的生命健康……这是信仰的力量，这是爱国的光芒。他们把个人理想与国家和民族的前途命运紧紧联系在一起，把深沉的家国情怀融入科技强国的创新实践中，诠释着对党和人民的忠诚信仰，讲述着"祖国就是强磁场"的生动故事，标示出爱国和信仰的历史厚度与时代高度。

这里有勇攀高峰、探索创新的不懈追求。无论是为国寻油、防沙治沙，还是遨游太空、深潜海底……没有现成经验，缺少标准的答案。从没路的地方蹚出路来，从遍布荆棘的地方辟出路来。王天翔经历711次试验，攻克175个设备难题、452个工艺难题，把百炼钢做成绕指柔，打破国外长期垄断；北京冬奥会上，3个赛区26个场馆实现100%清洁能源供电，"张北的风点亮冬奥的灯"，打破国外技术封锁造出冰状雪……他们用自己的智慧破题解难，展现出专业技术人才的创新之美，闪耀着创造伟大的精神光芒。

这里有不惧风险、敢于前行的奋斗担当。反贫困、建小康、战疫情、解难题、开新路……许许多多专业技术人才在创新创造中，蓄积"千磨万击还坚劲"的韧性，砥砺"越是艰险越向前"的品格。黄大年把自己变成"科研疯子"，李保国把自己变成农民、把农民变成专家，南仁东20年仰望星空、打造射电望远镜，钟扬一生追寻高原种子、守护植物基因宝库。人生因奋斗而精彩，因担当而亮丽。他们以奋斗和奉献贡献着一生的力量，用担当和尽责展现着人才风采，写下中国故事的生动注脚，汇成新时代的无限精彩。

政治上的凝聚，思想上的合力，鼓舞着专业技术人才把家国情怀转化为奋斗激情，把创新创造的果实结在中国特色社会主义这棵长青树上。专业技术人才也用自己的行动，见证着人才强国建设的铿锵步履，书写着中国创新创造的新篇章，让中国高质量发展的航船劈波斩浪、行稳致远。

（七）

国家发展靠人才，民族振兴靠人才。

习近平总书记在中央人才工作会议上的重要讲话，深刻把握世界大势和发展规律，准确判断我国发展阶段和历史方位，科学回答了新时代人才工作的一系列重大理论和实践问题，对加快建设人才强国作出的顶层设计和战略谋划，提出加快建设世界重要人才中心和创新高地的战略布局，为新时代人才强国建设锚定了新坐标、树立了新标杆、描绘了新愿景。

治国经邦，人才为急；兴国强邦，人才为基。我们比历史上任何时期都更接近实现中华民族伟大复兴的宏伟目标，也比历史上任何时期都更加渴求人才，广大专业技术人才创新创业大有可为、大有作为。坚持党的全面领导，坚持党管人才原则，遵循社会主义市场经济规律和人才成长规律，以识才的慧眼、爱才的诚意、用才的胆识、容才的雅量、聚才的良方，就一定能把各方面优秀的专业技术人才集聚到党和人民的伟大奋斗中来！

（刘序明　朱登辉）

激荡创新发展的磅礴动力

——深化职称制度改革述评

天宫遨游、蛟龙入海、天眼聆宇、悟空探秘、墨子传信、北斗组网、天问奔火……党的十八大以来，从基础研究到中试研发，从重大工程到前沿科技，一系列大国重器惊艳问世，中国整体科技实力实现跃升，在全球创新格局的位势不断提升，无不凝结着广大人才的创新智慧。

职称制度作为科学评价、用好用活人才的指挥棒，是激发广大人才创新活力的重要杠杆。党的十八大以来，习近平总书记高度重视人才发展体制机制改革，多次作出重要指示批示，为深化职称制度改革提供了根本遵循。

健全体系打通"天花板"，完善标准破除"四唯论"，创新机制提升公信力，向用人单位放权，为人才松绑减负……2016年以来，党中央把职称制度改革纳入人才发展体制机制改革总体布局，摆在更加突出的位置，密集部署、持续推进，从夯基垒台、立柱架梁，到全面推进、积厚成势，再到系统集成、协同高效，一路蹄疾步稳、勇毅笃行，职称制度不断走向科学，改革红利逐步显现，人才活力充分释放，为高质量发展凝聚起蓬勃创新动力。

（一）

点亮思想之光，才能擘画改革道路。思想高度指引改革进程，认识深度决定改革力度。

2013年9月30日，一场别开生面的集体学习在中国创新的地标——中关村举行。这场以实施创新驱动发展战略为题的十八届中央政治局第九次集体学习，走出中南海，把"课堂"搬到了中关村，采取调研、讲解、讨论相结合的形式进行。习近平总书记在主持学习时强调，实施创新驱动发展战略决定着中华民族前途命运，必须及早转入创新驱动发展轨道，不能等待、不能观望、不能懈怠。

这是敏锐把握国际大势的深刻洞见，这是推动国家创新发展的形势所迫。

放眼全球，新一轮科技革命和产业变革加速演进，一些重要的科学问题和关键核心技术呈现出革命性突破的先兆。国家间的竞争更加倚重于创新能力的提升，聚焦于战略性创新资源的争夺。审视国内，我国经济总量跃居世界第二位，但发展中的不平衡、不协调、不可持续问题依然突出，人口、资源、环境压力越来越大。形势逼人，使命逼人。

创新驱动实质上是人才驱动。物质资源越用越少，而人才却会越用越多。我国已经是人才大国，但仍面临"大而不强"的问题，从"钱学森之问"到"圆珠笔之问"，从"'填表'教授"现象到"帽

子满天飞"问题，迫切呼唤着全面深化改革，破除一切制约人才发展的体制机制障碍，打破各种束缚人才创新手脚的枷锁。

创新决胜未来，改革关乎国运。党的十八大以来，习近平总书记就人才发展体制机制改革作出了一系列重要论述和指示批示：加快形成具有国际竞争力的人才制度优势，聚天下英才而用之；要完善好人才评价指挥棒作用，为人才发挥作用、施展才华提供更加广阔的天地；评价人才要以实际能力为衡量标准；突出品德、能力、业绩导向，克服"唯学历、唯资历、唯论文"倾向，科学客观公正评价专业技术人才；向用人单位放权，为人才松绑减负；不能让繁文缛节把科学家的手脚捆死了，不能让无穷的报表和审批把科学家的精力耽误了！……

科学理论引领改革方向，改革突破释放制度活力。

从党的十八届三中全会提出"完善人才评价机制"，到党的十八届五中全会强调"完善职称评定制度"；从中央全面深化改革领导小组第29次会议审议通过《关于深化职称制度改革的意见》，到中共中央办公厅、国务院办公厅正式印发意见，其间历经全国万名专业技术人员问卷调查、深入开展改革重难点问题研究、形成28个共57万多字的课题报告、召开8次座谈会广泛听取意见和反复修改完善，这项涉及千千万万专业技术人才切身利益的改革徐徐拉开大幕。

这是一场直面问题的自我革命。

新中国成立以来，我国职称制度历经技术职务任命、专业技术职称评定、专业技术职务聘任、双轨并行制等不同阶段，发挥了激励提升、团结凝聚专业技术人才队伍的重要作用。随着时代发展，新专业新技术新职业不断涌现，人才队伍素质、结构、分布发生深刻变化，现行职称制度逐渐不能适应新形势新要求，存在制度体系不够健全、评价标准不够科学、评价机制不够完善、管理服务不够规范等问题。尤其是外语、论文、计算机"一刀切"问题，最为人才诟病。有人评说"孔子若活到今天是不能评教授的，因为他光讲学没有文章"；有人疾呼"没有科学的评价体系，就无法真正迈向人才强国"。问题是时代之声，也是改革之剑。这次职称制度改革坚持问题导向，回应广大人才呼声，真刀真枪疏通堵点，动真碰硬纾解痛点，解开职称领域束缚人才的绳索。许多人才评价，"职称制度改革有力度有温度"。

这是一场面向未来的深刻变革。

这次职称制度改革，立足服务人才强国战略和创新驱动发展战略，遵循人才成长规律，把握职业特点，以科学评价为核心，以促进人才开发使用为目的，坚持服务发展、激励创新，遵循规律、科学评价，问题导向、分类推进，以用为本、创新机制的基本原则。改革的深度和力度前所未有：探索新兴职业领域增设职称评审专业，正高级职称覆盖各类专业技术人才，打破人才成长"天花板"；树立品德、能力和业绩导向，干什么、评什么，让干得好的能评得上；建立以同行专家评审为基础的业内评价机制，注重引入市场评价和社会评价，丰富职称评价方式，特殊人才特殊方式评价；打破户籍、地域、身份、档案、人事关系等限制，畅通非公经济组织、社会组织、自由职业人才职称申报渠道，打通高技能人才和工程技术人才职业发展通道；深化"放管服"改革，下放评审权，让用人的评人、评人的用人。

有破有立、破立结合，改革配套政策稳步推进。职称评审管理暂行规定、民营企业职称评审办法、高技能人才与专业技术人才职业发展贯通办法等相继出台，职称制度政策法规体系不断健全。截至2022年，职称改革已完成27个系列改革工作。工程、经济、会计、统计、技工院校教师等11个未设置正高级职称的系列，均设置到正高级。新的职称制度框架体系完成夯基垒台、立柱架梁，设置合理、评价科学、管理规范、运转协调、服务全

职称制度改革打破人才成长天花板，将正高级职称覆盖到各类专业技术人才。图为山西阳泉市平定县巨城镇凤凰垴小学课堂。

（新华社记者 曹阳 摄）

面的职称制度基本形成、蔚然成势。

（二）

站在三尺讲台从教 33 年的蒋华松，凭着优异的教学专长，如愿评上了大学教授；只有大专学历的陈斌，凭着研发机器获得的超高专利分，破格评上了高级工程师……从"工人院士"到"农民教授"，再到"没有论文也能评上教授"一时间上了热搜，职称制度改革带来的裂变效应，正在打开越来越多职业群体新时代的人生"彩蛋"。

量体裁衣靠尺子，评价人才看标准。标准是人才评价的核心，也是人才最为关注的问题。"学术水平再高，没有论文就评不上教授""工作跟外语不沾边，过不了外语考试就评不上职称。"职称评审中唯学历、唯资历、唯论文、唯奖项倾向，曾是人才广为诟病的痛点。

坚持问题导向，直面广大人才的槽点，职称制度改革大刀阔斧行进：打破"四唯"倾向，对职称外语和计算机应用能力考试不作统一要求；弱化论文权重，对实践性、操作性强，研究属性不明显的职称系列，不把论文、奖项作为职称评审的门槛性条件。改革既要破更要立，职称评审鲜明树立重品德、能力和业绩的导向，量才的尺子指向科学。

坚持德才兼备、以德为先，注重考察职业道德和从业操守，把品德放在人才评价首位。高校教师职称评审将师德表现作为首要条件，对科研不端行为实行"零容忍"，推行学术不端行为"一

票否决制";统计专业人员职称评审,维护统计数据真实性,坚决抵制统计造假。建立诚信档案库和失信"黑名单",倡导科学精神,强化社会责任,严厉打击弄虚作假、暗箱操作等违纪违规行为,使学术失信、学术不端者寸步难行,重塑专业技术人才的人格力量。

坚持干什么、评什么,突出对创新能力的评价。探索以专利成果、教案、病例、设计文件等其他成果形式替代论文,推行代表作制度,适当延长基础研究人才评价考核周期,改变急功近利的短期行为,让专业技术人才坚守"板凳要坐十年冷,文章不写一句空"的追求,立志做大学问、做真学问。坚持分类评价、细化标准,学术型、技术型、管理型、应用型术业有专攻,不同领域、不同行业、不同层次的人才制定不同评价标准,推动教师上讲台、医生到临床、工程师到实验室和厂房工地、农业技术人员到田间地头,引导人才"把论文写在大地上",在火热的基层一线建功立业。多维度的评定标尺,让各类人才各美其美,更有成就感、获得感。

坚持凭实绩论英雄,突出评价人才业绩水平和实际贡献。经济效益和社会效益成为职称评审的"关键因子",放宽做出重大贡献人才学历、资历要求,高校、科研院所中经批准兼职、在岗创业、离岗创业的人才,创新创业业绩作为职称评审的重要依据,推动大众创业、万众创新。破除论资排辈,变"爬楼梯"为"坐电梯",不少地方开通高端领军人才职称评审直通车,业绩突出可直接申报正高级职称。从"一年磨十剑"到"十年磨一剑",从"著作等身"到"著作等心",不驰于空想、不骛于虚声的实干精神得以张扬,专心致志、甘于寂寞、皓首穷经的科研氛围日益浓厚。

(三)

"不管教学水平有多高,到了中级职称就只能原地踏步""没有正高级职称,评到副高就到顶了"。职称层级限制的"天花板",曾让不少专业技术人员停在"职业高原"。这次职称制度改革着眼打破人才成长天花板,拓展职业发展空间,横向拓展、纵向突破,提升了越来越多职业群体的攀登高度。

横向拓展职称覆盖面。随着时代发展和科学进步,新职业新领域相继产生,但迟迟没有纳入职称评价体系。改革在横向上拓宽专业领域,保持工程、卫生、农业、经济、会计等领域的职称系列不变,在新兴职业领域增设职称评审专业,畅通非公有制经济组织、社会组织、自由职业专业技术人才职称申报渠道。

纵向突破职称层级设置。2009年中小学教师职称制度改革率先开展试点,增设正高级职称,2015年改革在全国中小学全面推开,积累了丰富的经验。这次职称制度改革进一步健全层级设置,将正高级职称覆盖到各类专业技术人才,经济、会计、统计、农业、船舶、飞行、工艺美术、实验、中职教师、技校教师等系列的专业技术人员均可参评正高级职称。

职称制度和职业资格制度是人才评价的两项基本制度。长期以来,部分职业资格与职称系列存在交叉重复,增加了专业技术人才负担。改革促进职称与职业资格有效衔接,在相关职业领域

职称制度不断走向科学，人才活力充分释放，为高质量发展凝聚起蓬勃创新动力。图为科研团队在进行研究。

（中国组织人事报社供图）

建立对应关系。专业技术人员取得职业资格可直接等同职称效力。

职称制度前面连着人才培养，后面接着人才使用，既检验人才培养成效，又为选人用人提供依据。这次职称制度改革根据不同职业、单位和岗位特点，实行不同的方式，对于全面实行岗位管理、专业技术人才学术技术水平与岗位职责密切相关的事业单位，在岗位结构比例内开展职称评审；对于不实行岗位管理的单位，以及通用性强、广泛分布在各社会组织的职称系列和新兴职业，采用评聘分开方式，统一评价，分别使用，促进职称评价结果与专业技术人才聘用、考核、晋升等相衔接。

从未离开过小学讲台的"孩子王"姜言邦成为全国首位"小

学教授";离开体制创业、20多年无法评职称的韩颖,拿到了数字编辑高级职称证书;"火箭心脏"焊接人高凤林被破格认定正高级职称……改革不断拓展各类人才的厚度,赋予奋斗的意义与价值。"评上高级职称,仿佛找回了刚入行时的激情""这是花钱也买不到的组织认可",改革有效解决了部分领域人才"船到码头车到站"的职业倦怠,让他们重新迸发干事创业的火热激情。

（四）

一个时期以来,人才管理存在行政化、"官本位"倾向,"评人的不用人,用人的不参评""想用的人评不上,评上的人用不上"等脱节现象,困扰着用人单位和广大人才。人才活力放中来,这次职称制度改革着力"向用人单位放权、为人才放权松绑",不断创新职称评价机制。

丰富职称评价方式,建立以同行专家评审为基础的业内评价机制,注重引入市场评价和社会评价。搞农业的让农业专家来评,搞教育的让教育专家来评,"问东家、问专家、问大家"的人才评价机制逐步形成。考试、评审、考评结合、考核认定、个人述职、面试答辩、实践操作、业绩展示等多种评价方式,职称评价的针对性和科学性明显提高。尊重人才成长规律和市场规律,以专业眼光慧眼识珠,"让专家选择专家,让人才选择人才",职称含金量越来越得到社会认可。

科学界定、合理下放职称评审权限,发挥用人主体在职称评审中的主导作用。解放和增强人才活力,关键一环是"放"活用

人主体。深化"放管服"改革,转变政府人才管理职能,下放职称评审权限,推动高校、医院、科研院所、大型企事业单位按照管理权限自主开展职称评审,让用人的评人、评人的用人,使用人单位都能"穿上称心的鞋"。一校一法、一所一法、一企一法,用人单位的积极性和创造性提高了。

放权不等于撒手,松绑不等于松懈。防止"一管就死,一放就乱",斩断利益链、杜绝人情分,让改革红利实起来,检验改革初心与智慧。2019年7月《职称评审管理暂行规定》出台,从源头上规范职称评审程序,建立职称回避制度,实行职称评审委员会核准备案管理制度,强化事中事后监管,切实保证职称评审质量。政策公开、标准公开、程序公开、结果公开,政府监管、单位(行业)自律、社会监督的综合监管体系构建起来,职称评审公信力和生命力不断提升。随机抓取授课教学视频,组织校外名师名家评议,发放调查问卷了解学生评价,南京林业大学的首次自主评审,便让教师们打消了"职称放水"的顾虑。

"把专业的事交给专业的人来做"。持续推进职称评审社会化、市场化,对专业性强、社会通用范围广、标准化程度高的职称系列,以及不具备评审能力的单位,依托具备较强服务能力和水平的专业化人才服务机构、行业协会学会等社会组织,组建社会化评审机构进行职称评审。"话语权"交给社会,职称含金量不降反升,专业技术人才队伍建设与产业发展同频共振,政府与社会组织良性互动,实现了职称评审科学化、规范化、社会化。

"线上提交材料扫描件,审核过了提交纸质版,真是很高效。"

旷视科技首席科学家孙剑只跑了一次，就评上了正高级工程师。"从填报到提交申请只用了5分钟"，南京方女士登录网络下载打印，就拿到了中级电子职称证书。越来越多的人惊喜地发现，过去需要两头跑的职称申报，现在足不出户便可"一网搞掂"。

优化服务是人才工作的本质，是"放管服"的题中要义，也是行风建设的重要内容。职称制度改革既是从思想观念到体制机制的深刻变革，也是职称评审服务和信息技术的深度融合。

以敬民之心，行简政之道。聚焦专业技术人才反映突出的评审渠道不畅、评审通知不及时、材料要求不清晰、材料提交反复、评审数据共享度低等问题，这次职称制度改革以信息化建设作为重要突破口，开发新版职称评审信息系统，对全国职称评审数据进行统一归集、统计分析，优化工作程序，简化申报手续，推行"互联网＋职称"，减少各类纸质证明材料，减少重复提供材料和重复审核，实现申报、审核、评审、电子证书发放等全流程网上办理，让信息多跑路、人才少跑腿，增强职称公共服务能力和水平，人才获得感大大增强。

（五）

"乡镇医生评正高职称，搁以前几乎不敢想。"在甘肃乡镇卫生院干了30年的樊建林没想到，这辈子还能评上正高职称。"在村里教书能优先评职称，就不用搬家了。"湖南湘西农村教师杨豫湘放弃了进城找工作的打算。

人才是富国之本、兴邦大计。引导鼓励人才扎根艰苦边远地

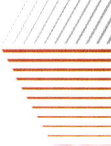

区和基层一线，更好服务支撑国家重大战略，是深化职称制度改革的重要价值取向。从服务脱贫攻坚战到保障疫情防控阻击战，从助力民营企业健康发展到服务海南自贸区（港）建设，职称制度不断释放出吸引集聚人才的磁石效应。

如期打赢脱贫攻坚战，是我们党作出的庄严承诺。人才匮乏是贫困地区的短板，贫困地区普遍面临"招人难、留人难、用人难"问题。以国家之任为任，以基层之急为急。面向"三区三州"等深度贫困地区推出职称定向评价、定向使用政策，开展职业资格考试"单独划线"工作，合理确定评价标准和分数线，为贫困地区人才打造"专属快车"，厚植攻克深度贫困的内生动力。

这份厚重的职称"政策大礼包"，体现出勇毅的政治担当，包含着深厚的民生情怀。"双定向"政策释放出的温度，带来了贫困地区高层次人才总量的稳步提升，不断转化为脱贫攻坚的强大动能。截至2020年底，"三区三州"等深度贫困地区共有近4万人通过高级职称评审。到基层去、到祖国最需要的地方去，成为越来越多人才实现人生价值的选择方向。

民营经济是推动我国发展不可或缺的力量。民营企业贡献了全国70%以上的技术创新成果，非公领域专业技术人才占全国专业技术人才总量的一半以上。落实民营企业座谈会精神，出台加强民营企业职称工作政策，拓宽民营企业职称申报评审渠道，鼓励各地在创业孵化基地、高新技术开发区、科技园区等地专门设立职称申报服务点，充分激发和释放民营企业专业技术人才创新创造活力，推动民营企业健康发展、稳定就业。江苏开展的高层次和急需紧缺人才高级职称考核认定工作，通过考核认定的526人中，超过七成来自民营企业。

高技能人才是产业工人队伍的中坚力量，长期以来只有职业技能等级一条成长通道，职业发展受限。两次印发改革意见，贯通高技能人才与专业技术人才职业发展通道，先在工程技术领域试点，再拓展到8个职称系列及相关职业资格领域，重点打破学历、身份等条件限制，鼓励高技能人才参加职称评审，建立高技能人才与专业技术人才职业发展"立交桥"。1万余名高技能人才取得职称，一批身怀绝招、绝技、绝活的"大国工匠"评上了正高级工程师。

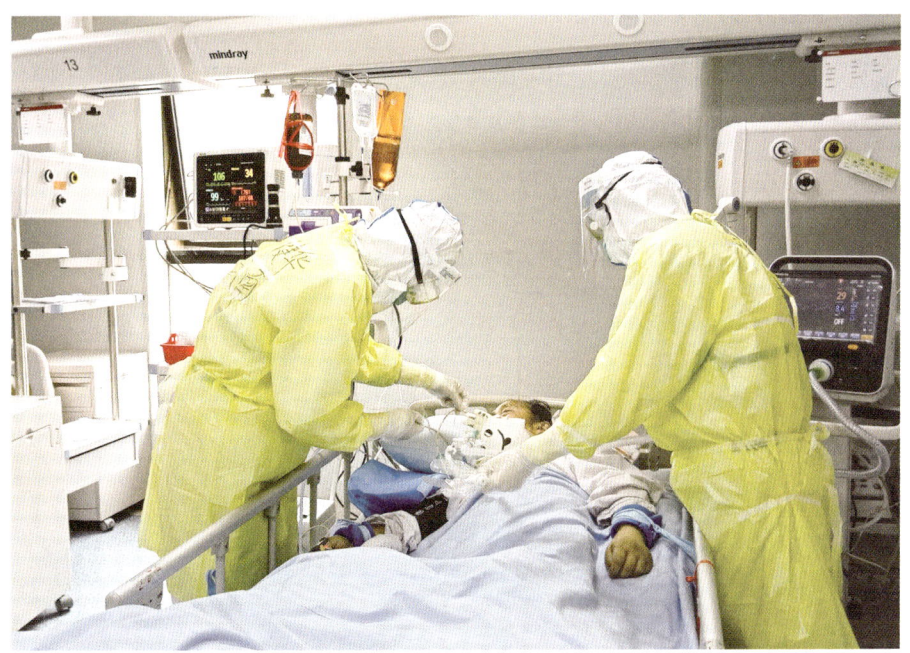

人社部将抗疫表现列入职称评定指标，为抗疫一线专业技术人员开辟职称评审绿色通道。图为医护人员在医院重症病区工作。

（新华社图）

2020年庚子岁初，新冠肺炎疫情突如其来。"你在前线抗击疫情，我在后方撑腰鼓劲。"疫情可以阻隔距离，却阻挡不住服务人才的脚步。落实习近平总书记指示，将抗疫表现列入职称评定指标，为抗疫一线专业技术人员开辟职称评审绿色通道，优先晋升岗位等级和职称评定，以职称服务传递信心、凝聚力量。3万余名抗疫一线专业技术人员晋升高级职称。

1977年10月4日，《人民日报》头版以四栏标题的醒目方式，报道了"中国科学院提升陈景润为研究员"的消息，在全国知识分子群体中引起轰动效应，犹如"一颗知识原子弹爆炸"，很多人闻到了"冰河解冻"的气息，预感改革开放就要潮起东方。

时至今日，"技术工人评正高""田秀才当上教授"的消息，也只能占据网络热搜的三两天，这是改革发展的生动脚注，这是时代进步的强力佐证，但我们依然能从中感受到清晰而强烈的信号波：一个创新的黄金时代已经扑面而来。

深化改革正在路上，创新发展风正帆满。

（刘祖华　韩向辉　李肖璨）

让中国创新的动力更澎湃

——党的十八大以来我国职称制度改革综述

创新决胜未来，人才驱动创新。

职称制度作为科学评价、用好用活人才的指挥棒，是激发人才创新活力的重要杠杆。党的十八大以来，党中央把职称制度改革纳入人才发展体制机制改革总体布局，摆在更加突出的位置。健全体系打通"天花板"，完善标准破除"四唯论"，创新机制强化分类，向用人单位放权，为人才松绑减负……职称制度不断走向科学，改革红利逐步显现，人才的创新创造活力充分释放，为实现经济社会高质量发展和高水平科技自立自强注入强大动力。

把脉定向，改革路径更明晰

2015年5月26日，初夏的杭州，到处郁郁葱葱、生机盎然。正在浙江考察调研的习近平总书记来到杭州海康威视数字技术股份有限公司，察看产品展示和研发中心。

考察临近结束时，他对簇拥在身边的年轻科研人员们说："人才是最为宝贵的资源，只要用好人才，充分发挥创新优势，我们

职称制度不断走向科学，人才的创新创造活力充分释放，为实现经济社会高质量发展和高水平科技自立自强注入强大动力。图为科研人员在探讨业务。

（中国组织人事报社供图）

国家的发展事业就大有希望，中华民族伟大复兴就指日可待。"

中国特色社会主义进入新时代，全球范围内新一轮科技革命和产业变革蓬勃兴起，世界各国都在抢抓机遇，国际人才争夺日趋白热化。吸引人才、留住人才、用好人才，最好的环境是良好的体制机制。党的十八大以来，习近平总书记高度重视人才事业发展，强调指出，我国人才发展体制机制的一个突出问题是人才评价体系不合理，"四唯"现象仍然严重，人才"帽子"满天飞。

改革人才评价机制，习近平总书记作出一系列重要论述和指示批示：完善好人才评价指挥棒作用，为人才发挥作用、施展才华提供更加广阔的天地；评价人才要以实际能力为衡量标准，不唯学历，不唯论文，不唯资历；向用人主体放权，为人才松绑；不能让繁文缛节把科学家的手脚捆死了，不能让无穷的报表和审批把科学家的精力耽误了……

以习近平同志为核心的党中央坚持以改革促创新，最大限度激发各类创新主体和科研人员的积极性创造性，以职称制度改革为重点的人才评价机制改革全面提速：党的十八届三中全会对全面深化人才发展体制机制改革作出重大部署，提出要"加快形成具有国际竞争力的人才制度优势，完善人才评价机制"；党的十八届五中全会强调"完善职称评定制度"；中央全面深化改革领导小组将制定深化职称制度改革的意见列入工作要点；深化人才发展体制机制改革的意见对改革职称制度提出明确要求；中央人才工作会议再次强调，"要深化人才发展体制机制改革，加快建立以创新价值、能力、贡献为导向的人才评价体系"，为创新完善人才评价机制指明了方向，确定了重点，明晰了路径。

新思想引领新航程，新思路催生新活力。2016年12月，中共中央办公厅、国务院办公厅印发深化职称制度改革的意见，全面部署职称制度改革。改革立足服务人才强国战略和创新驱动发展战略，遵循人才成长规律，把握职业特点，以科学评价为核心，以促进人才开发使用为目的，坚持服务发展、激励创新，遵循规律、科学评价，问题导向、分类推进，以用为本、创新机制的基本原则，深度和力度前所未有。

健全制度体系，完善评价标准，创新评价机制，将新兴职业纳入职称评价范围，在未设置正高级职称的系列统一设置正高级

职称，打破人才成长"天花板"；陆续出台27个职称系列改革指导意见，明确树立以品德、能力、业绩为评价导向，更加注重业绩成果和实际贡献，以实绩论英雄，力克唯学历、唯资历、唯论文、唯奖项倾向；建立以同行专家评审为基础的业内评价机制，注重引入市场评价和社会评价，丰富职称评价方式，特殊人才特殊方式评价；打破户籍、地域、身份、档案、人事关系等限制，畅通非公经济组织、社会组织、自由职业人才职称申报渠道，深化"放管服"改革，下放评审权，激发人才活力。

改革配套政策稳步推进。职称评审管理暂行规定、民营企业职称工作通知等相继出台，职称制度政策法规体系不断健全。一个设置合理、评价科学、管理规范、运转协调、服务全面的职称制度蔚然成势。

体制顺、机制活，则人才聚、事业兴。党的十八大以来，我国科技人才队伍不断壮大，2021年研发人员总量约是2012年的1.7倍，稳居世界第1位；科技产出量质齐升，高被引论文数提升17.5个百分点，排名世界第2位；全球创新指数排名从第34位上升到第12位，中国成功进入创新型国家行列，走出了一条从人才强、科技强，到产业强、经济强、国家强的发展道路。

有破有立，评价标准更科学

"弟子三千，不如论文一篇。"曾经，人们用这句话形容高校教师评职称的境况。只专注于教学的教师，如果没有论文专著，在职称评定上就毫无优势。

如今，这一现象逐步得到扭转。没有足够"达标"论文的西北农林科技大学裴金萍老师，凭借 39 年来全身心扑在教学一线的赫赫"战绩"，晋升为教授。"新的政策导向，给我们教学为主型教师吃了一颗'定心丸'。"裴金萍欣喜地说。

标准是人才评价的核心，也是人才最为关注的问题。"论文写得不错，手术做不好""明明工作跟外语不沾边，过不了外语考试就评不上职称"。在职称评定中，唯学历、唯资历、唯论文、唯奖项等是广大专业技术人才反映强烈的突出问题。

人才的呼声，就是改革的方向。针对职称评审外语、论文、计算机"一刀切"问题，职称改革着力破除"四唯"倾向，不唯

高校教师职称评审将师德表现作为首要条件。图为安徽师范大学马克思主义学院教授路丙辉给学生们上课。

（新华社记者 曹力 摄）

学历看能力，不数年头论业绩，改变片面将论文、专利、资金数量作为人才评价标准的做法。取消外语、计算机要求，对职称外语和计算机应用能力考试不作统一要求；弱化论文权重，不把论文、奖项作为职称评审的门槛性条件，量才的尺子更科学。

改革既要破更要立，职称评审鲜明树立重品德、能力和业绩的导向。高校教师职称评审将师德表现作为首要条件，对科研不端行为实行"零容忍"，推行学术不端行为"一票否决制"。建立诚信档案库和失信"黑名单"，倡导科学精神，强化社会责任，严厉打击弄虚作假、暗箱操作等违纪违规行为，使学术失信、学术不端寸步难行，重塑专业技术人才的人格力量。

人才不再"一把尺子量到底"。改革对学术型、技术型、管理型、应用型不同类型人才采取不同的评价标准，实现"干什么、评什么"。

北京工业大学张跃明团队经过多年研发，打破了 RV 减速器的国际垄断，相关成果成功实现了技术转让。研发过程中，张跃明把工作重点放在工程技术的研究上，而不是发表学术论文。得益于人才评价体系的改革完善，北京工业大学将成果转化业绩作为教授职称评聘重要依据，破格为张跃明晋升教授职称。

江苏硕世生物科技股份有限公司的梁骞，带领团队研发全自动分子诊断基因检测仪，在国际领先，授权发明专利 12 项，被认定为正高级工程师。

"用专利成果、教案、病例等其他成果形式替代论文""推行代表作制度""质量重于数量"，职称评定标尺更加贴身、合用。

凭实绩论英雄，改变了急功近利的短期行为，让专业技术人才放下"包袱"，"板凳要坐十年冷"成为更多人的无悔选择。教师上讲台、医生到临床、工程师到实验室和厂房工地、农业技术人员到田间地头，"在火热的基层一线建功立业"成为广大专业技术人才的心声。

打破"天花板"，职业空间更宽广

"从未想到自己这辈子还有机会评上正高级职称。"作为公司的老会计，蒋雪梅早早就评上了副高职称。可按照过去的规定，就算她再如何"精打细算"，也只能止步于副高。

2019年，深化会计人员职称制度改革的指导意见出台，提出要完善会计人员职称层级，增设会计人员正高级职称。有了打破"天花板"的机会，蒋雪梅再次踌躇满志，"生活有了新目标，工作就更有动力。"

不仅是会计师，职称制度改革的一大亮点，就是进一步健全层级设置，将正高级职称普惠到各类专业技术人才。11个首次设置到正高级职称的系列新增正高级职称6.6万人，有效增加了我国高层次人才供给。

对科普"网红"嵇晓华而言，惊喜则来自职称覆盖面的拓展。

作为知名科普网站果壳网的创始人，嵇晓华深耕科普十几年，让"高冷"的科普知识妙趣横生，广受热捧。但因为没有相应的职称系列，尽管早已在线上火出了圈，却始终申报无门。

回应人才期盼，动态调整专业设置，在新兴职业领域增设评审专业，给广大新兴领域人才打开了职称的大门。

聚焦新兴领域，人社部会同相关部门在相应职称系列中新增艺术创意设计、动漫游戏、运动防护师、快递工程等13个评审专业，各地也分别围绕主导产业、特色产业发展拓展评价领域。数字编辑、技术经纪、人工智能、云计算、物联网、冰雪艺术、藏医药、文房制作等一批新兴职业迈入职称评价通道。

2019年底，嵇晓华再次收获事业上的惊喜——北京市在全国率先推出科学传播专业职称，嵇晓华评上正高级职称，和图书资料领域其他专家学者一样，成了一名研究馆员。

改革不断增强各类人才的厚度，赋予奋斗的意义与价值，"评上高级职称，仿佛找回了刚入行时的激情""这是花钱也买不到的组织认可"；改革有效解决了部分领域人才"船到码头车到站"的职业倦怠，让众多专业技术人才重新迸发干事创业的火热激情。

人才是富国之本、兴邦大计。引导鼓励人才扎根艰苦边远地区和基层一线，更好服务支撑国家重大战略，是深化职称制度改革的重要价值取向。2019年，我国在"三区三州"等深度贫困地区开展了职称定向评价、定向使用和职业资格考试"单独划线"工作，在确保质量的前提下合理确定评价标准和分数线，并限定在当地有效。截至2021年，共有5.8万人通过"双定向"获得高级职称，极大地调动了基层专业技术人才的积极性。贫困地区高层次人才总量稳步提升，不断转化为脱贫攻坚的强大动能。

改革为基层人才带来了实实在在的获得感。在甘肃天水市，一位50多岁的乡村教师在高级职称评审答辩结束后，向评审专家致以 90 度鞠躬，感动了每一个人。在湖南湘西，农村教师杨豫湘放弃了到城里找工作的打算，"在村里教书评职称还有优惠，就不用搬家了。"杨豫湘言语间幸福感满满。

深化"放管服"，人才干劲更充足

"评人的不用人，用人的不参评""想用的人评不上，评上的人用不上"……长期以来，不完善的职称评价机制困扰着用人单位和人才的积极性。

为改变"政府评、组织评、领导评"的人才评价机制，职称制度改革明确深化"放管服"，转变政府人才管理职能，下放职称评审权限，让用人的评人、评人的用人。高校、医院、科研单位、产业园区、大型企业等人才智力密集、具备专业条件的单位，都可以申请实行职称自主评审。

"我们的技术人员再也不会申报无门了！"获批职称自主评审权，北科生物个体化细胞治疗技术国家地方联合工程实验室主任刘沐芸欣喜不已。

作为一家拥有 400 名技术人员研发队伍的高科技民营企业，因为社会上没有与之相匹配的职称序列，企业生物医疗科研成果虽然不断涌现，技术人员评职称却阻碍重重。"自主评审，让我们找到了人才的'户口本'，为企业留住核心技术人才提供了平台。"2018 年以来，企业人才申报热情连年递增，人才认同感更强，干劲也更足了。

放权不等于撒手，松绑不等于松懈。2019 年 7 月，职称工

职称制度改革明确深化"放管服",下放职称评审权限,高校、医院、科研单位、产业园区、大型企业等都可以申请实行职称自主评审。图为工作人员在海南东方临港产业园海洋石油富岛有限公司中控室作业。

(新华社记者 蒲晓旭 摄)

作的第一部规章——职称评审管理暂行规定印发,从源头上规范职称评审程序,建立职称回避制度,实行职称评审委员会核准备案管理制度,强化事中事后监管,切实保证职称评审质量。

各地规范职称评审程序,健全职称评审公开、公示制度和随机抽查、巡查制度,加强对评价全过程的监督管理,构建政府监管、单位(行业)自律、社会监督的综合监管体系,确保职称评审纪律,提高职称评审公信力。

"越是推行单位自主评审,单位的责任意识越强,效果出乎意料的好,就连举报都比过去少多了。"一些地方反映,下放职称评审权,使用人单位从过去的部分自主、单向争取、责任压力较弱,转变为全过程自主、责任全担、压力全受,倒逼用人单位用好权,人才的能力和实绩更受关注,评聘结果更加服众。

"专业的事交给专业的人来做"。下放权力的同时,职称评审社会化、市场化持续推进。对专业性强、社会通用范围广、标准化程度高的职称系列,以及不具备评审能力的单位,依托具备较强服务能力和水平的专业化人才服务机构、行业协会学会等社会组织,组建社会化评审机构进行职称评审。

改革潮头深圳,体制外人才评价渠道已经打通——2013年深圳社会化职称评审改革启动,到2018年,76个评委会、118项社会化职称的评审,均由行业协会承接。

"提交材料是项目业绩表、公司业务创新等内容,现场答辩问的也是专业问题。"孙玉东在深圳装饰行业协会组织的职称评审中获得了副高职称,"我们这些在工地上摸爬滚打的人更有信心了。"

"话语权"交给市场后,职称含金量不降反升,吸引力不断增强。"要求更高了,也更符合一线实际了。"2012年到2020年,深圳职称申报人数由3 700人增长至1.5万人,体制外人才的职称申报比例由55%提高至65%。

以敬民之心,行简政之道。2017年7月,职称评审信息化建设方案出台,建设统一规范的职称评审信息系统。职称网上申报、网上审核、探索电子职称证书、实现职称数据网上公开查询……"互联网+职称"建设在全国各地推开。浙江、内蒙古、海南、江西打造"阳光职称";青海专业技术人员职称评审实现

"一网通办"；新疆专门为对口援疆省市、港澳台及"一带一路"沿线国家专业技术人才参加职称评审开辟渠道。"信息多跑路，人才少跑腿"，人才获得感大大增强。

济济多士，乃成大业；人才蔚起，国运方兴。党的十八大以来，随着职称制度的"坚冰"不断融化，"不拘一格评人才"的良好氛围正在形成，广大人才创新创造活力充分迸发，各路高贤聪明才智竞相涌流，"天下英才纷至沓来、源头活水驱动创新"的愿景正逐渐演变为实景。

（韩向辉）

培养创新型人才　助力高质量发展

——党的十八大以来专业技术人员继续教育工作综述

十年间，每年超百万人次高层次急需紧缺专业技术人才参与知识更新活动，继续教育理念深入人心。

十年间，新疆、西藏一大批少数民族专业技术人才走出去汲取养分，学成返乡、建功立业，滋养边疆大地。

十年间，分批建设200家国家级专业技术人员继续教育基地，合理布局、形成体系，培养人才的平台作用日益凸显。

……

十年蹄疾步稳，我国专业技术人员继续教育工作交出一份亮眼的成绩单。

人才是实现民族振兴、赢得国际竞争主动权的战略资源。专业技术人才是我国人才队伍的骨干力量，是全面建设社会主义现代化国家的重要力量，是党和国家的宝贵财富。党的十八大以来，以习近平同志为核心的党中央始终把人才工作摆在治国理政大局的关键位置，全面深入实施人才强国战略。各地各部门认真贯彻落实党中央、国务院决策部署，创新思路、深化改革，大力推进专业技术人员继续教育工作，加强制度建设，抓实重点工程，完善服务体系，加快人才自主培养，持续提升专业技术人员专业素质和创新能力，为推动经济社会高质量发展提供了有力的人才支撑和智力支持。

功以才成，业由才广。我国要实现高水平科技自立自强，归根结底要靠高水平创新人才。通过全面加强继续教育，深入实施知识更新工程，一大批高素质专业化人才提能攻坚、创新创造，在国家重大战略实施、地区行业发展中，书写了浓墨重彩的动人篇章。

建章立制
分类分层继续教育体系日趋完善

伴随改革开放的春潮，我国继续教育工作稳健起步。

工作初期，科技人员即被纳入继续教育范畴。列入国民经济和社会发展规划、国家中长期人才发展规划纲要……此后40年，专业技术人员继续教育的每个高光时刻，都与国家命运紧密相连。

十年之计，莫如树木；终身之计，莫如树人。

党的十八大以来，党和国家对专业技术人员继续教育工作的关注上升到一个新高度——党的十八大报告、十九大报告均强调要办好继续教育，国家"十三五"规划、"十四五"规划明确作出建设学习型社会的部署安排，全国干部教育培训规划将专业技术人员继续教育作为干部教育培训的重要组成部分……在党和国家的顶层设计中，继续教育已然成为专业技术人员提升能力素质的必由之路。

2015年，人社部出台《专业技术人员继续教育规定》，这是第一部以部令形式颁布的专业技术人员继续教育方面的部门规章，对专业技术人员继续教育的基本原则、基本要求、基本制度、管理体制等作出明确规定。至此，运行20载的《全国专业技术人员继续教育暂行规定》，完成了它的使命，退出了历史舞台。

上下联动，密织制度网。

各地紧锣密鼓，精准出击，切实将专业技术人员继续教育工作抓紧抓实。到2022年，大部分省份实现了继续教育地方立法，其他地方出台了继续教育政策规章。许多省份还结合实际工作的需要，研究制定了一系列继续教育配套管理制度和政策规定。

部门协同，施策重精准。

有关行业主管部门聚焦重点难点，摸准实际需求，制定继续教育规定或贯彻落实《专业技术人员继续教育规定》的配套政策。到2022年，已出台会计、档案、出版、新闻等行业领域专业技术人员继续教育规定。人社部还将会同有关部门研究制定其他行业专业技术人员继续教育规定或管理办法。

落实落细，育才更规范。

作为继续教育龙头工程，专业技术人才知识更新工程建立了完备有力的制度保障体系。在工程实施方案基础上，人社部还先后出台了高级研修项目、急需紧缺人才培养培训项目和岗位培训项目、国家级继续教育基地建设项目等管理（实施）办法，会同财政部印发国家级继续教育基地补助经费管理办法，从制度层面规范了工程项目的运行管理。工程重点领域牵头部门结合实际，不断创新完善政策措施。工业和信息化部、交通运输部、民政部、国家知识产权局等部门专门出台了本领域知识更新工程实施方案。

人才工作，基础在培养，难点也在培养。在这场继续教育大合唱中，地方、部门、行业等多方发力、配合补充，打破了各自为政、自我循环模式，构筑起培训赋能的"四梁八柱"，推动分类分层继续教育体系日趋完善，为专业技术人才培养提供了有力的制度保障。

打造品牌
聚焦重点领域培育千万紧缺人才

国际冰雪产业及旅游业发展、冬季雪场运营与管理、冰雪文化创意产品设计与开发……2021年11月底，吉林长春，"国际冰雪旅游产业"高级研修班火热开班，高度聚焦的研修主题、贴合实际的课程设计，让67名研修人员直呼"解渴"。他们是来自全国旅游行业及相关企业、高校的专家学者和从业人员，5天时间里，通过主题讲座、专题研讨、企业考察等方式，深入汲取营养，提升专业能力。

2015年成功申办冬奥会以来，"带动3亿人参与冰雪运动"的愿景已成现实。与冰雪运动迅速普及相对的，是冰雪专业人才的不足。人才缺口，正在成为制约冰雪产业高质量发展的关键因素。直面产业难题，这个国家级高级研修班由此诞生。

国家级高级研修项目，高水平、小规模、重特色，被公认为专业技术人才知识更新工程的品牌项目。

工程实施以来，人社部每年从各地各部门申报选题中遴选

300 期左右具有较强针对性、前瞻性和实效性的选题，列入国家级高级研修项目年度计划，很多副省级以上领导干部出席开班式并讲授第一课。每期研修时间 5 天左右，学员 70 人左右，一般为具有高级专业技术职务（或职称）的专业技术人员或管理人员。近两年，研修时间和人数略有调整，但小规模要求一以贯之。根据重点领域的不同特点，丰富办班模式，与项目建设、科研攻关等结合起来，通过工作实践引导人才培养，通过人才培养带动事业发展。

专业技术人才知识更新工程十年实施总结评估显示，截至 2020 年底，上一轮工程收官之际，国家层面累计举办高级研修班 2 764 期，培养培训高层次专业技术人才 18.3 万人次，平均每年带动开展省级高级研修班、行业研修班 700 余期，培训 5 万人次左右，形成纵向联动、横向同频的研修体系。此外，聚焦"高精尖缺"，大规模开展急需紧缺人才培养和岗位培训活动，累计培训 1 246 万人次，行业领域广，培训规模大，培训方式活。

向中心聚焦，为大局聚力。

国家重大战略部署到哪里，地区行业发展需求在哪里，工程就跟进到哪里、服务到哪里。注重加强与疫情防控及乡村振兴等当前国家重点发展任务，京津冀协同发展、雄安新区、海南自由贸易港、长三角区域一体化、粤港澳大湾区等区域性国家重大战略的衔接，致力于提供更加精准、科学、高效的人才供给。

工程启动伊始，即瞄准我国经济社会发展 12 个重点领域和 9 个现代服务业领域；中期评估后，又将人工智能、大数据、互联网+、脱贫攻坚等纳入实施范围。2021年，新一轮知识更新工程启动，重点放在新一代信息技术、高端装备、新能源汽车、航空航天等战略性新兴产业领域，还创新增设了数字技术工程师培育项目，旨在培养大批卓越工程师。

2019年、2020年国家级高级研修项目分别单列50期扶贫开发专项，2020年单列25期疫情防控专项。

农业农村部连续稳定支持50位首席科学家、1 424位科学家、1 252位综合试验站站长，围绕产业发展开展科学研究、技术攻关和试验示范。

天津结合全球经济发展和世界科技前沿热点问题，邀请两院

2022年3月5日，陕西省科技创新与产业发展协同助推乡村振兴高级研修班组织学员进行现场教学。

（陕西人社厅提供）

院士等，开设 10 余期人才大讲堂，5 000 余名高层次专业技术人才和管理人员受益。

……

因需求而生，一个个项目接踵而至；为求知而来，一批批人才满载而归。每一个美丽遇见，都在孕育积淀，累累硕果蓬勃而出！

守正创新
加快数字技术人才自主培养

"数字技术工程师培育项目首批学员培训开始报名啦！"2022 年 6 月，"重庆人社"微信公众号发布了一则报名信息，迈出数字技术人才自主培养的坚实一步。

伴随着新一轮科技革命和产业变革，我国数字经济快速发展，催生了人工智能、物联网、云计算、集成电路等一批新产业新业态，数字技术领域新职业不断涌现。

"发展数字经济是把握新一轮科技革命和产业变革新机遇的战略选择。"习近平总书记指出，"要加强关键核心技术攻关，牵住自主创新这个'牛鼻子'。"

数字经济竞争的核心是人才的竞争。为加快数字技术人才培养，支持战略性新兴产业发展，助力数字经济和实体经济深度融合，2021 年，新一轮专业技术人才知识更新工程实施方案和数字技术工程师培育项目实施办法明确，未来十年，围绕人工智能、物联网、大数据、云计算、数字化管理等数字技术技能领域，分

职业、分方向、分等级实施规范化培训、社会化评价、项目化管理，每年培养培训数字技术技能人员 8 万人左右，培育壮大高水平数字技术工程师队伍。

数字技术领域相关国家职业标准是开发新职业培训教程、开展培训和评价的基本依据。人社部会同有关行业主管部门制定颁布国家职业标准，第一批颁布了智能制造、大数据、区块链工程技术人员 3 个国家职业技术技能标准，第二批颁布了集成电路、人工智能、物联网、云计算、工业互联网、虚拟现实工程技术人员和数字化管理师 7 个国家职业技术技能标准。

聚力育才，时不我待！

2022 年 3 月，全国首批数字技术工程师培育项目评价机构和培训机构目录公布，数字技术人才培养工作进入具体实施阶段。各地人社部门抢抓机遇，积极开展培养培训工作，为数字经济高质量发展注入强劲动力。

——北京将数字技术工程师培育列入首都专业技术人才"登攀"计划，作为首都育才工程的重要措施，积极协调市属及中央在京培训机构，统筹谋划全年工作，计划年培养培训数字技术技能人员 8 000 人左右。

——天津将数字技术工程师培育项目作为卓越工程师战略人才培养的重要内容，建立"继续教育 + 职称"联动评价机制，构建数字经济职称专业体系，鼓励数字经济企业聘请获得数字技术高级工程师的人才担任首席数字官。

——山东将数字技术工程师培育列入全省人社工作创新 2022

2022年5月，重庆开展数字技术工程师师资培训答辩评审会。

（范真 摄）

年行动计划，按照"应培尽培、愿培则培、需培就培"原则，计划每年培训数字技术人才6 000人以上，并将数字技术工程师培训纳入继续教育"学时银行"，逐步实现培训与评价使用的贯通。

……

高位推动、多方聚力，数字技术人才培养平稳起步，顺利驶入快车道。随着各地各类数字技术人才培训活动陆续开班，一批批数字技术人才聚力提能，为数字经济注入源头活水，加速助推地区和行业发展。

特殊培养
成就少数民族专业技术人才

边疆大地,美景无限。但相伴而生的,是人才的匮乏、发展的滞后。引才难留才难、人才培养能力弱,是痛点,更是难点。

开展特培工作是党中央、国务院对新疆、西藏少数民族专业技术人才的特殊关爱。1992年,新疆少数民族科技骨干特殊培养工作启动实施,2021年已启动实施到第六批;2009年,西藏少数民族专业技术人才特殊培养工作启动实施,2019年已启动实施到第三批。

2017年西藏特培学员索朗曲珍被聘为国家级药品生产检查员。图为索朗曲珍(左三)在西藏那曲市藏药厂进行现场检查。

(西藏人社厅提供)

项目诞生之日起，特培工作就担当大任——围绕铸牢中华民族共同体意识，以能力建设为核心，采取选派学员赴有关省份进行为期1年的特殊培养、组织专家服务团送技到边疆等方式，培养少数民族专业技术人才，为新疆、西藏经济社会高质量发展提供人才保障。

多方联动发力，让人才走出去。

特培工作开展以来，聚焦卫生、教育等基础领域以及当地重点支柱产业，开展人才特殊培养。近十年，新疆、西藏累计选派5 200余名少数民族专业技术人才外出学习，开眼界长才干。

为确保培养实效，人社部积极协调保障，联系确定专业对口的培养单位；培养单位根据学员实际情况，量身定制培养方案；选派单位严格规范选拔，确保把最合适的人才送出去。求知若渴的人才、充足的阳光雨露，为边疆提供了源源不断的智力支持。

聚合优质资源，将专家请进来。

循着古丝路的印迹，来到帕米尔高原。2018年7月，特培专家服务团来到新疆喀什，与当地100余名基层医务工作者，展开一场短暂而温馨的"约会"。专题讲座、教学示范、疑难病例会诊……专家们面对面传授技术，并为群众送去优质医疗服务。

专家服务团是特培工作的重要组成部分，十年间，共开展30期赴新疆、10期赴西藏特培专家服务团活动。一批批专家跨越山海，来到祖国边陲，开展短期咨询、讲学和培训服务活动，加快了当地专业技术人才知识更新，取得了一批创新型科研成果，推动了学术技术交流。

支持作用发挥，带动一批、影响一片。

新疆、西藏不断完善支持返岗学员发挥作用的政策机制，支持他们挑大梁、担重任，鼓励他们传帮带、与培养单位建立长期联系，成为促进地方发展、增进民族友谊的纽带。

特培学员们学成返岗后，有的获得国家级科研项目计划支持，有的研究项目取得专利，有的成为专业领域骨干和学科带头人，有的成为农牧业科技致富的"领头雁"。新疆特培学员田序伟，返岗后担任伽师县人民医院院长，带领医院申报4项自治区推广项目；西藏特培学员格桑德吉返岗后，开拓了西藏肝脏超声造影工作先河……

2021年新疆特培学员在导师指导下开展实践学习。

（新疆人社厅提供）

特培学员们在各自领域、民族交往交流交融中发挥带动引领作用，如同蒲公英的种子，飘落在边疆广袤的大地上，用智力之光点亮城市乡村。

有效保障
继续教育服务体系支撑作用日益凸显

筑牢保障网，方可行稳致远。

专业技术人员继续教育工作能够深入推进，公共服务体系建设功不可没。

2020年9月，杭州电子科技大学获批第十批国家级专业技术人员继续教育基地。这也是浙江省获批的第六个基地。

国家级专业技术人员继续教育基地是经人社部认定，培养培训高层次、急需紧缺和骨干专业技术人才的服务平台。自2011年首批设立以来，依托高校、科研院所、大型企业现有施教机构，分期分批确定200家基地，中央财政给予每家基地一次性补助300万元。

为保证建设质量，制定基地管理办法，从师资队伍、管理机制、经费保障等5个方面细化申报标准。建立退出机制，加强动态管理。对培训效果好、发挥作用明显的基地，实行以奖代补支持。截至2022年，基地覆盖东、中、西部地区，既有综合性基地，又有专业性基地。各基地突出急需紧缺导向，以优势定方向，以特色促发展，在承接国家级高级研修班、开发学习资源等方面发挥了示范作用。

各地各部门以国家级继续教育基地为龙头,普遍建立了区域性、行业性基地,继续教育基地网络持续完善,逐步形成了以国家级基地为龙头、省市级基地为依托,上下衔接、分类分层、优势互补的继续教育基地体系。

2020年夏,人社部专业技术人员管理司组织修订的"全国专业技术人员继续教育培训教材"出版发行。该套教材共5本,包括《专业技术人员职业道德读本》《专业技术人员创新能力建设读本》《专业技术人员创业能力建设读本》《专业技术人员权益保护读本》《当代科学技术前沿知识读本》,为专业技术人员参加公需科目继续教育提供了基础服务。

课程和教材开发是继续教育培训的基础性、先导性工作。编写高质量教材、开发高质量课程……有力的公共服务产品供给,为继续教育打稳了地基。突出政治引领,把学习贯彻习近平新时代中国特色社会主义思想摆在最突出位置,注重提升专业技术人员思想政治素质和职业素养、创新创造创业能力。

踏准时代节奏,为继续教育插上信息化"翅膀"。

2015年,国家专业技术人才知识更新工程公共服务平台投入使用,基本实现信息发布、申报审核、登记统计、证书查询等功能,成为知识更新工程实施的重要业务平台。2021年平台进行了改版升级。各地各部门积极探索,推进网络培训,完善网络课程,促进继续教育资源共享,构建了广覆盖、开放式的网上继续教育和在线学习平台。

学如弓弩,才如箭镞。

回望来路，继续教育工作应时而生，顺势而为，为专业技术人才队伍注入源源不断的活力、干事创业的动力。

天南海北，时光流转，知识的火种，随风而四散，燃出一片繁华！

（马丽莹）

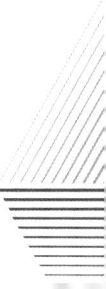

为强国复兴伟业汇聚智慧力量

——党的十八大以来专家工作综述

这是波澜壮阔的征途。

从北斗组网到超算"发威",从港珠澳大桥开通到北京大兴国际机场投入运营,从5G商用全面推进到新冠疫苗加速研制……一批重大科技创新成果喷薄涌流,一些前沿领域进入并跑、领跑阶段,中国科技实力实现历史性跨越,我国在全球创新版图中的位势节节攀升。

这是万马奔腾的时代。

选拔享受政府特殊津贴专家近2.5万人。2 437人入选国家百千万人才工程,其中375人当选两院院士,占新当选两院院士总人数的57.6%……一支梯次合理、素质优良、具有一定开拓创新能力的高层次人才队伍正在我国科技自主创新和经济社会发展各方面发挥重要作用、释放磅礴力量。

专家是党和国家的宝贵财富,是党执政兴国的重要依靠力量。"要坚持党管人才原则,聚天下英才而用之,加快建设人才强国""培养造就一大批具有国际水平的战略科技人才、科技领军人才、青年科技人才和高水平创新团队"……党的十八大以来，面对错综复杂的国际局势和艰巨繁重的国内改革发展稳定任务，习近平总书记作出了一系列重要论述和指示批示，为做好专家工作指明了前进方向、注入了强劲动力。

目标明确，更需坚定前行。党的十八大以来，在党中央、国务院的高度重视和正确领导下，人社部以构建国家高级专家培养选拔体系为核心，加强高层次创新型专业技术人才队伍建设，在项目实施、制度改革、政策创新等方面，统筹优化，完善细化，不断开创专家工作新局面，一支高层次人才大军各得其所、各展所长，源源不断的人才优势转化为澎湃不竭的发展优势。

梯次跃进　雁阵高飞
专家培养选拔制度体系进一步健全

人才是实现民族振兴、赢得国际竞争主动的战略资源。今日之中国，比历史上任何时期都更接近实现中华民族伟大复兴的宏伟目标，也比历史上任何时期都更加渴求人才。

面对新形势新任务，人社部以享受政府特殊津贴人员选拔等队伍建设项目为重要抓手，加快形成上下衔接、梯次跃进的专家培养选拔制度体系，进一步壮大高层次人才大军。

擦亮政府特殊津贴荣誉品牌，把重才爱才惜才落到实处——

按照2011《中共中央　国务院关于继续实行政府特殊津贴制度的通知》要求，把党和国家对高层次人才的尊重、关心和爱护落到实处，激励他们为社会主义现代化建设不断做出贡献。党的

国务院政府特殊津贴专家、宁波培罗成集团首席制版师潘超宇讲解制版注意要点。
（中国组织人事报社供图）

十八大以来，共选拔了5批近2.5万名高层次、高技能人才享受政府特殊津贴，基本覆盖科教文卫、工农业生产、国防等经济社会各个领域。

在"国字号"制度的带动下，全国近20个省份建立了省级政府特殊津贴制度，部分地市还建立了市级政府特殊津贴制度。

表彰全国杰出专业技术人才，榜样带动优秀人才脱颖而出——
榜样是"看得见的哲理"。

党的十八大以来，人社部等四部门开展了第五届、第六届全国杰出专业技术人才表彰活动，共公开表彰了"全国杰出专业技术人才"192名和"全国专业技术人才先进集体"193个，积极营造了促进优秀人才脱颖而出的社会氛围，充分调动了各类人才的积极性和创造性。

受到表彰的全国杰出专业技术人才纷纷表示，将带头弘扬爱国奋斗精神，勇于攀登创新高峰，主动当好年轻人的领路人，为经济社会发展做出新的更大贡献。

加强引领 团结激励
实现"增人数"与"得人心"有机统一

人心是最大的政治，共识是奋进的动力。

党的十八大以来，人社部门进一步加强对专家的团结引领服务，做到政治上充分信任、思想上主动引导、工作上大力支持、生活上关心照顾，着力做好新时期的高层次专家国情研修、学术交流、休假慰问等活动，实现"增人数"与"得人心"有机统一，促进专家人才进一步坚定人民立场，担当起创新重任，为民族振兴贡献自身力量。

延安枣园窑洞里，井冈山"挑粮小道"上，上海黄浦江畔中共"四大"纪念馆中……27个国情研修班次，累计1 300余名高层次专家留下了足迹。

2012年起，针对高层次专家的特点，人社部依托中国浦东、井冈山、延安以及浙江红船、安徽金寨等多家干部学院，利用其丰富独特的教学资源，精心安排课程。参加研修的专家学员一致表示，"深刻感受到了党和国家对人才的重视和关怀""精神得到彻底洗礼""将牢记时代赋予的使命，勇于担当，努力创造无愧于时代的业绩"。

从脱贫攻坚到乡村振兴，人才如何支撑？能源转型，路在何方？数字经济怎样高质量发展？紧贴国家重大战略、重点行业领域发展，人社部会同有关部门，搭建了促进"高精尖缺"人才和"产学研用"紧密融合、交流合作的共享平台——专家创新大讲堂。

围绕智能制造、新材料、绿色发展、工业互联网、人工智能等主题，相关院士、百千万人才工程国家级人选等专家学者和企业技术负责人在这里分享研究成果、交换前沿观点，为推动经济社会高质量发展建言献策。2015年以来，已举办了14期专家创

"数字技术 创新发展"专家创新大讲堂现场。

（李圆征 摄）

新大讲堂，进一步促进了高层次专家人才作用发挥，推动相关产业行业重点领域创新发展。

来到海南，凭海临风，极目远眺，专家们心中无限感慨！"我想着青藏铁路，党中央想着我""这不仅是我多年来为数不多的一次休假，更是与各领域专家难得的交流机会"……

邀请专家集中休假，是关怀礼遇，更是团结激励。为更好地体现党和国家对高层次人才的关心和厚爱，密切政府人才工作主管部门与高层次人才之间的联系，党的十八大以来，人社部组织10次海南冬季休假、3次暑期学术休假。其中，既有潜心科技前沿和基础研究的创新人才，也有从事重大工程项目建设的领军人才；既有来自高校、科研院所的专家学者，也有来自非公领域的高层次人才，呈现出整体层次高、覆盖面广、代表性强的特点。

围绕中心　服务大局
为经济社会发展提供强有力支撑

与泥土为伴、与水稻为伍，百千万人才工程国家级人选、中国水稻研究所所长胡培松，数十年如一日，带领团队培育出优质稻新品种；享受政府特殊津贴的安徽省血吸虫病防治研究所所长汪天平，历经成千上万次实验，掌握了血吸虫病诊断试剂关键核心技术……

一身本领投伟业，一片丹心为报国。

踏上新征程，更要为高层次人才服务高质量发展、高水平自

立自强夯基垒台。人社部门加大优载体、建平台、强服务等方面力度，支持广大高层次人才积极投身现代化建设，为全面建成小康社会、推动经济社会高质量发展做出重大贡献。

挺进科技前沿，服务国家战略——

当个人融入时代的洪流，家与国的命运紧紧相连。载人航天、量子通信、大飞机首飞等重大科技成果振奋人心，三峡工程、南水北调、青藏铁路等国家工程捷报频传……从战略高技术领域取得新跨越，到高端产业取得新突破；从民生科技领域取得显著成效，到国防科技创新取得重大成就，到处都闪耀着他们的身影、凝结着他们的智慧和汗水，广大专家人才已成为建设创新型国家、提高我国自主创新能力的一支重要力量。

扎根基层一线，结出累累硕果——

依托专家服务基层工作，来自各行业领域的专家人才，走进田间地头、生产一线，站上讲台、手术台，充分发挥智力、技术和信息优势，通过实地交流、技术指导、决策咨询、联合攻关、专题培训等形式，转化科技成果，推广实用技术，破解技术难题，普及科学知识，培养专业人才。

截至2022年，"专家服务基层行动"累计组织专家4.7万余人，深入基层一线开展服务活动4.3万余场，达成中长期合作意向6 955项，培养培训基层人才75.4万余人，惠及基层群众249万余人，被誉为"推动基层发展实实在在的'暖心工程'"，为推动基层经济社会发展提供了重要技术支撑和人才保障。

助力脱贫攻坚与乡村振兴，智慧花开遍南北——

一声令下，千帆竞发，不留孤岛。

政策向脱贫攻坚与乡村振兴一线倾斜。优先在贫困地区遴选建设国家级专家服务基地，高级研修项目聚焦脱贫攻坚与乡村振兴主题；重点支持专家、留学人员和博士后等高层次人才服务基层项目，为贫困地区经济社会发展提供智力支撑。

要素向脱贫攻坚与乡村振兴一线集聚。印发动员组织各类专家助力脱贫攻坚活动的通知，加大人才人事扶贫工作力度，精准助力脱贫攻坚。组织开展各具特色的专家服务团活动，选派贫困地区专业技术骨干赴发达地区进修培训，牵线搭桥建立合作关系，

人社部会同山西省人社厅、大同市人社局，在山西天镇县举办人社部高层次专家助力脱贫攻坚天镇行活动。图为北京市林业果树科学研究院院长王玉柱正在现场指导林木管理。

（中国组织人事报社供图）

鼓励支持跨省市、跨区域对口支援服务活动等。

智慧花盛开，满庭芬芳来。一大批专家人才活跃在脱贫攻坚与乡村振兴一线，向群众传经送宝，带动基层人才培养取得突破性进展，产生了"种下一棵树，成长一片林"的示范效应。

凝聚抗疫力量，扛起如山责任——

"其实，我不过就是一个看病的大夫"，钟南山院士直奔疫区，身先士卒；"战疫不成功，我就不撤兵"，李兰娟院士投身试验，呕心沥血；"我必须跑得更快，才能从病毒手里抢回更多病人"，时任武汉金银潭医院院长的张定宇身患疾病，冲锋在前，坚守岗位……不放弃、不退缩、不止步，广大专家人才化身为一道道闪亮的光，照亮了疫情肆虐的暗夜。

各地人社部门也探索出不少好办法，为专家人才发挥智力优势加油助力：广州就疫情防控形势和策略等问题，向各领域高层次人才问计问策；天津建立"企业复工复产专家服务团"，120余名百千万人才工程国家级人选等高层次人才报名，为企业提供破解难题、带培骨干等服务。

济济多士，乃成大业；人才蔚起，国运方兴。如今，在以习近平同志为核心的党中央坚强领导下，"聚天下英才而用之，让更多千里马竞相奔腾"的美好图景在神州大地渐次展开。

（冯南）

厚植高质量发展的青春创新力量

——党的十八大以来博士后事业发展综述

青年兴则国家兴，青年强则国家强。

青年人才是国家战略科技力量之源。党的十八大以来，习近平总书记高度重视青年科技人才队伍建设，强调要发挥年轻科学家作用，使优秀青年人才脱颖而出；要高度重视青年科技人才成长，使他们成为科技创新主力军；要把培育国家战略人才力量的政策重心放在青年科技人才上，支持青年人挑大梁、当主角。这为博士后工作发展提供了根本遵循，为青年人才发展注入了强大思想引领力量。

党的十八大以来，我国博士后工作深入贯彻落实习近平总书记关于人才工作的重要指示批示精神，围绕培养机制、创新创业、经费投入、服务保障等方面持续改革创新，博士后人才成长迎来加速度，博士后制度成为具有中国特色的培养高层次创新型青年人才的重要制度，博士后群体成为服务高质量发展和高水平科技自立自强的生力军。

铺就高层次创新人才成长高速路

2021年10月，我国重大基础科学装置——中国散裂中子源项目运行取得重大进展，设备功率成功提高了20%，为物质科学、生命科学等基础研究提供了强有力的平台。工程总指挥、粒子物理学家陈和生院士，是我国第一位博士后。1984年底，中科院启动博士后试点工作，他毫不犹豫地选择回国。

从建立之时起，我国博士后制度就肩负着科技强国、培育人才的光辉使命。随着新一轮科技革命和产业变革迅猛发展，国家间竞争日趋激烈，建设国家战略科技力量和高水平人才队伍，实现科技自立自强已经成为紧迫的战略性任务。

党的十八大以来，博士后工作顶层设计持续改革创新，改革完善博士后制度的意见、加强企业博士后科研工作站建设等政策措施落地，构建起符合青年人才特点的管理服务制度。严把入口，打开出口，实施分类培养、分类评价，推动博士后从事关键核心技术和"卡脖子"领域研究；人社部实施"博士后创新人才支持计划""博士后国际交流计划"，重点项目带动，提高培养质量；举办博士后创新创业大赛，启动企业博士后科研工作站备案制，贯通产学研链条，释放博士后创新创业活力；提高日常经费标准、强化服务保障，让博士后安心安业攀登科研高峰。

顶层设计不断完善，制度活力、人才活力不断激发，博士后制度吸引培养了更多适应高质量发展、高水平科技自立自强的青年人才。党的十八大以来，博士后招收培养规模逐年扩大，博士后进站人数由 2012 年的 1.25 万人增长到 2020 年的 2.8 万人，2021 年突破 3 万人，平均进站年龄 31 岁。博士后制度的广阔天地从最初主要集中在中央所属单位，发展到几乎囊括所有重点高校和主要科研院所，再扩展至企业园区；从理学类、工学类，发展到涵盖 13 个学科门类的 111 个一级学科，覆盖国家经济社会发展的主要领域。

为国留才、为国选才、为国育才，"博士后创新人才支持计划""博士后国际交流计划"实施以来，累计资助 8 000 余人，资助经费 30 多亿元，吸引了一批海内外优秀博士，实现了人才培养"高水平平台、高水平导师、高水平人选"，带动了地方和设站单位对博士后人才项目的投入。上海"超级博士后"、江苏"卓越博士后计划"、湖北"博士后卓越人才跟踪培养计划"、清华大学"水木学者计划"、北京大学"博雅博士后项目"等，大大提升了博士后的培养质量和国际化水平。2021 年，全国累计引进海外博士 4 000 多人，国内优秀博士申报"博士后创新人才支持计划"的人数逐年大幅度攀升。

"博士后工作站为科研人员打造了灵感碰撞的能量场"，获得"世界最具潜力女科学家奖"的西湖大学博士后白蕊是博士后制度的受益者，"在站博士后能享受到先进的科研设施条件和各类科研配套资金支持，为科研成果孵化与最终破壳打下坚实基础。"

博士后制度是青年人才开启独立科研生涯的重要积淀期、加油站。绝大部分出站博士后成为单位领军人才和科研骨干。两院院士是中国学术最高水平的代表，到 2021 年，具有博士后经历

的院士达 150 人，其成为院士的平均年龄较其他院士年轻 3 岁左右。博士后研究人员成为最活跃、最具创新能力的高层次青年人才群体。

打造创新驱动发展生力军

当祝融号火星车驶上火星表面，美丽的"蝴蝶"外形令人惊艳。这样兼顾工程实用和审美的设计，出自年轻的工程师团队。今天的中国航天人，35 岁以下的科研人员占 80%，其中不乏博士后的身影。

创新之道，唯在得人。博士后年龄大多为 28 至 35 岁，处于创新创造的黄金年龄，最易涌现出新思想、新理论、新技术和新方法，是加强基础前沿领域攻关、提升原始创新能力、加速实现科技自立自强的重要力量。

服务国家战略需求，是博士后制度的使命所在、价值所向。博士后工作坚持"四个面向"，坚持与经济社会发展同频共振，与科技进步和自主创新相衔接，紧紧围绕高质量发展大局，促进人才、科技、经济的紧密结合。从"嫦娥五号"到"慧眼"卫星，从高速磁悬浮列车到"京华号"盾构机，再到无人植物工厂水稻育种加速器，党的十八大以来，一批基础前沿、战略高技术和社会民生领域取得的重大成果引人注目，这些成就的背后，都闪耀着博士后群体智慧的光芒。

锚定高水平科技自立自强，紧跟世界科技前沿，勇闯科技"无人区"，加强基础理论研究和前沿技术攻关，实现了更多"0"到"1"

的突破。截至 2019 年，博士后作为主要参加人，申获国家级基金项目 4.2 万项，获得国家级科技奖项 539 项。87 位在站博士后获得国家自然科学奖、国家技术发明奖和国家科学技术进步奖。2018 年《细胞》杂志在线发表封面文章，中国科学家率先突破体细胞克隆猴技术，培育出世界首个体细胞克隆猴。文章第一作者、中科院神经科学研究所博士后刘真，是 2017 年"博新计划"入选者。北京大学信息科学技术学院博士后邱晨光，作为第一作者在《科学》杂志发表论文，率先在国际上提出并实现了狄拉克冷源晶体管，在低功耗器件领域取得新突破。

科研成果接地气，面向经济主战场凝练科研方向，明确科研课题。在袁隆平杂交稻创新团队中，邓启云等博士后跨越育种的禁区，保障中国的粮食安全；武汉大学"北斗导航"博士后科研团队完成"北斗组网"；中船 705 所博士后研究团队完成一系列水下武器装备关键技术攻关。"十三五"时期，博士后共承担国家级项目 9 万个，省部级项目 8 万个，其他各类项目 12 万个，平均每位博士后人员承担 2 个以上研究项目。

把个人理想融入国家需要，把论文写在祖国大地上。吉林农业大学博士后们在李玉院士指导下，为国家级贫困县提供符合当地气候和产业需求的菌种等资源和栽培技术，让"小木耳"成了"大产业"。中国中医科学院博士后李维义在四川凉山州盐源县人民医院建立专门工作室，累计为 500 名群众进行免费义诊。"观念革新 + 科技创新"让荒凉之地"掘金"，智慧汗水把高寒地区、苦旱之地变成"花果山""米粮川"。博士后科技

吉林农业大学作物学博士后科研流动站助力柞水农户脱贫致富,让"小木耳"成为"大产业"。图为李玉院士(左)带领博士后团队筛选和培育木耳品种。

(中国组织人事报社供图)

服务团开办至今,累计选派1 900余名专家和博士后深入基层开展技术服务。各领域博士后走农家、进地头,下工厂、到学校,助推基层关键科技创新、引领地方优势产业升级,成为服务脱贫攻坚、助力乡村振兴战略的排头兵。

"到抗疫一线去!"在抗击新冠肺炎疫情过程中,广大博士后攻坚克难,在治疗、防控等多个重要领域发挥重要作用,为统筹推进疫情防控和经济社会发展提供了有力支撑。面向人民生命健康,立足医学科技自立自强,广大博士后集中力量开展关键核心技术攻关,加快解决一批药品、医疗器械、医用设备、疫苗研发等领域的"卡脖子"问题。哈尔滨医科大学药学博士后研究团队立足东北,开展以寒冷地区重大慢病、恶性肿瘤发病机制及创

2021 年全国博士后创新创业大赛参会人员仔细观摩中国第一艘自主建造的极地科考破冰船"雪龙二号"模型。

（杨晓冬摄）

新药物研发为核心的科学研究。宁波美康生物科技股份有限公司博士后方亮成功实现新型免疫诊断试剂及配套仪器关键技术产业化，带领公司研发团队在国内率先研发出两种新冠病毒快速检测试剂。

从战略高技术领域到高端产业，从民生科技领域到国防科技创新，各行业各战线，广大博士后深怀爱国之心、砥砺报国之志，紧紧围绕经济竞争力的核心关键、社会发展的瓶颈制约、国家安全的重大挑战，潜心研究推动关键领域取得新进展。

加速科研成果转化的催化剂

2021 年 12 月，第一届全国博士后创新创业大赛总决赛在广东佛山举行，这是我国博士后制度建立以来首次举办的全国性创新创业赛事。大赛将"青年、创新、创业"串联在一起，吸引 5 000 多个团队、2.4 万人报名参赛，产生金银铜奖 273 个，现场签约项目 55 个，意向合作金额约 12 亿元，激发出博士后青年人才建功立业新时代的使命担当。

国产疫苗、微纳芯片、低温快充锂金属电池……一项项前沿技术亮相大赛现场，凝聚着博士后在重大科技创新中的"硬核"力量，释放出成果转化的强劲磁力。

"揭榜领题"促发展。企业张榜求解，博士后揭榜领题，是大赛为推动企业需求与博士后科研成果精准对接所设置的独特赛事项目。"揭榜领题"吸引了全国各地企业、单位张榜公布近 200 个技术攻关项目，涉及项目资金总投入近 20 亿元。

"揭榜领题，让企业不用再'大海捞针'，而是直接对接到真正适合的技术和人才。"开赛两小时，佛山市粤海信通讯有限公司就与中北大学陈晓勇副教授团队对接成功，现场签订了项目合作意向书。"我感受到了国家对科研人才的关心和支持。"陈晓勇表示，大赛帮助团队找到了技术的应用方向，解决了"技术出口"问题。双方联合开展"卡脖子"难题技术攻关，激发出最新的理念、最优的方案，助力通信产业转型升级。

既要从无到有，突破原始创新；也要"点石成金"，打通"最后一公里"。从实验室走来，从论文中走来，广大博士后加快将科技成果转化为现实生产力，将科学研究更多惠及人民的生产生活。

坚持培养使用相结合,是博士后工作的生命力所在。在企业设立博士后科研工作站,高校、科研院所、企业共同培养人才,是我国博士后制度的创新,实现了产业链、技术链和人才链的有机融合。博士后科研工作站吸引了一大批博士后到高新技术企业,结合产业发展开展研究,承担国家战略性新兴产业发展、重大科技攻关和关键技术突破任务。从华为、科大讯飞等民营科技型企业到之江实验室、鹏城实验室等新型研究机构,再到浦东新区、横琴新区等高新区、自贸区,目前,我国已在数千家企业、160多个园区建设博士后科研工作站,招收培养博士后5万多人。

人才技术优势与企业的市场开发优势有机结合起来,为推动

贵州大学植物保护博士后隋常玲(左一)在茶叶种植基地开展茶叶专用肥施用后的田间调查。

(中国组织人事报社供图)

经济转型升级、实现高质量发展提供了有力支撑。一批博士后携"硬科技"成果创业,企业成长为"瞪羚企业""独角兽企业",博士后科研工作站成为加速科研成果转化的催化剂,锻造高级技术专家的孵化器。

探索创新型青年人才发展制度体系

金秋时节,山东省博士后创新创业成果转化基地——青岛国际博士后创新创业园生机勃勃,博士后创新企业在这里如雨后春笋,迅速成长。2020年,哈尔滨工业大学博士后朱健鹏带着团队进驻园区,"上下楼就是上下游,园区营造的产业链生态成为我们项目入驻的核心吸引力。"

依托科教融合优势,中国科学院深圳先进技术研究院精准匹配博士后人才,按照"科研项目+论文+专利"灵活多样的培养模式,建立多元化的博士后分类发展、培养和评价体系,让博士后成长为具有学科交叉背景的优秀人才。

我国博士后制度从一开始就为高层次人才培养使用开辟了"制度特区",突破了传统人事管理体制在户籍管理、人事关系、职称评定、人员编制、学科交叉等方面的限制。在"特区"里,由国家和单位提供一定的生活、科研费用,培养独立科研能力和创新能力。科研经费、工资待遇、住房条件、职称评定、家属随迁等方面的政策倾斜,解决了青年科技人才的后顾之忧,极大地鼓舞了博士后攻克技术难关、攀登科学高峰的信心。

在改革中建立,在实践中完善。近年来,应对国际人才竞争和经济社会发展需要，各地结合实际，探索实施促进创新型青年人才发展政策措施，推动博士后人员独立参与重大基础前沿课题研究，实现由科研活动参与者向科技创新组织领导者的根本性转变。广东实施政策、培养、引才、平台、扶持、服务"六个创新"；山东组建全国首家融合"博士后站＋博士后创新创业实践基地＋创投风投机构"的博士后平台间的协作联盟；福建推出海峡博士后交流资助计划；四川鼓励事业单位结合实际对引进的出站博士后实行年薪制、协议工资制、项目工资等多种分配方式；广西启动博士后联合培养"扶摇"计划……支持博士后发展、激发博士后活力的好政策、好做法，聚焦高端、创新和高效，将博士后制度塑造成为发展新优势的重要抓手。

2021年，国家发布"十四五"规划纲要，明确提出要"培养具有国际竞争力的青年科技人才后备军，注重依托重大科技任务和重大创新基地培养发现人才"。在这样的背景下，我国博士后事业迎来快速发展的战略机遇期。

全面建设社会主义现代化国家新征程已经开启，向第二个百年奋斗目标进军的号角已经吹响。站在创新驱动发展和人才强国两大国家战略的交汇点上，具有中国特色、贯通产学研链条、符合高层次创新型青年人才成长规律的博士后制度初步形成，广大博士后坚持"四个面向"，勇攀科技高峰，投身社会实践，必将持续为高质量发展注入青春能量。

（李肖璨）

锻造实现民族伟大复兴的技能大军

——我国新时代技能人才队伍建设述评

大国之路，匠心筑梦。

技能人才特别是高技能人才是工人阶级队伍中的优秀代表，是我国人才队伍的重要组成部分，是支撑中国制造和中国创造的重要力量。党的十八大以来，党中央、国务院高度重视技能人才工作。习近平总书记多次作出重要指示批示，要求健全技能人才培养、使用、评价、激励制度，大力发展技工教育，大规模开展职业技能培训，加快培养大批高素质劳动者和技术技能人才。

人社部门深入学习贯彻习近平总书记重要指示批示精神，认真贯彻落实党中央、国务院决策部署，以实施职业技能提升行动、筹办备战第46届世界技能大赛为统领，全面推进技能人才培养、使用、评价、激励工作，技能人才队伍总量不断扩大、素质稳步提升、活力充分释放。

截至2021年底，全国技能人才总量超过2亿人，高技能人才超过6 000万人，技能人才占就业人员总量的比例超过26%，高技能人才占技能人才的比例达到30%。他们活跃在工厂车间、田间地头和技术攻关一线，成为引领新经济、培育新动能的重要力量，推动着产业强起来、乡村富起来、生态美起来。一支新时代技能人才大军，正向着全面建设社会主义现代化强国奋进。

（一）

"大国工匠，国家就需要你这样的人。"在"七一勋章"颁授仪式上，习近平总书记对专注在焊工岗位 50 多年的艾爱国说的这番话，语重心长、情真意切，深深激励着广大技术工人精益求精、追求卓越，勇于自主创新、攻克技术难关。

"工业强国都是技师技工的大国，我们要有很强的技术工人队伍""大力弘扬劳模精神、劳动精神、工匠精神，激励更多劳动者特别是青年一代走技能成才、技能报国之路，培养更多高技能人才和大国工匠""大力发展技工教育""提高技术技能人才社会地位"……党的十八大以来，习近平总书记始终高度重视关心技能人才，多次作出重要指示批示，在许多场合、多个会议反复强调要加强技能人才队伍建设，为做好新时代技能人才工作指明了方向、提供了遵循。

思想的闪电一旦彻底击中这块朴素的人民园地，就会以雷霆万钧之势光耀时代的星空，迸发出建设新世界的强大物质力量。人社部门深入学习贯彻习近平总书记重要指示批示精神，强化政治担当，找准工作定位，突出部门特色，以思想力量引领技能人才工作，以改革创新推动技能人才队伍建设，大力培养支撑经济社会高质量发展的技能人才。

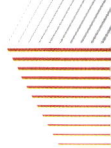

强化顶层设计，夯实政策支持。研究起草加强新时代高技能人才队伍建设的意见，制定"十四五"职业技能培训规划、技工教育"十四五"规划，出台"技能中国行动"实施方案、企业自主开展技能人才评价、职业院校毕业生参加事业单位公开招聘、技能人才薪酬分配指引等政策措施，大力实施职业技能提升行动，深入推进企业新型学徒制，改革完善技能人才评价制度，健全完善新时代技能人才职业技能等级制度，加大高技能人才表彰力度，完善技能人才工作政策支持框架，着力构建"1+N"技能人才队伍建设政策体系。整合政策资源，聚合各方力量，实施部省共建技能强省、技工大省工程，充分调动相关部门、行业企业和地方的积极性，形成横向合作、纵向联动共同推动技能人才队伍建设的工作格局。

释放政策红利，绽放技能之花。广东大力推进"广东技工"工程，瞄准10个战略性支柱产业和10个战略性新兴产业培养高技能人才；江苏推出高技能人才培养"青苗计划"，接轨世赛标准和世界技能发展方向，培养年轻技能大赛选手和行业技能领军人才；浙江在全国率先实现技能人才评价方式和内容上的突破与创新，将技能人才评价权下放给企业，由企业自主设置评价标准、自主认定；河南出台政府"购买"高技能人才培训、大中型民营企业推行新型学徒制等举措，支持民营企业技能人才发展。

劳动光荣、技能宝贵、创造伟大，技能成才之路越走越宽。辽宁、黑龙江、河南等省出台意见，试行高技能领军人才年薪制和股权期权激励，对关键技术等岗位实行协议工资，设立特聘岗位津贴、带徒津贴。华峰化学探索实践"八级技工制",给一线高级技术工人开出百万年薪;久立集团将技术工人纳入股权激励范围,300多名技术工人获得股权激励。随着政策不断落地,技能价值进一步得到认可和彰显,技能人才创新动能更加强劲。越来越多的技术工人切身感到"技能人才的春天来了"。

（二）

中国为何造不出一支好用的圆珠笔?这一问题曾经戳中了中国制造业的"软肋"。2016年G20杭州峰会期间,时任德国总理默克尔收到了贝发集团生产的G20元首笔,回去以后不小心丢了,后来又通过外交途径要了3支笔。

从"圆珠笔之问"到"默克尔寻笔",小小笔尖流淌着大国工匠的创新精神,折射出技能人才培养的图强之道。

"创新之道,唯在得人;得人之要,必广其途以储之。"推动高质量发展,促进产业转型升级,职业技能培训至关重要。职业技能培训是促进人口红利向人才红利转变的重要举措,是破解技能人才结构性矛盾的关键之举。2019年国务院出台职业技能提升行动方案,要求3年共开展各类补贴性职业技能培训5 000万人次以上,加快建设知识型、技能型、创新型劳动者大军。

聚焦重点发展战略和重点人群。面向企业职工和高校毕业生、农民工等重点群体,开展人工智能、集成电路、装备制造等培训,开展快递人员等新就业形态培训,扩大院校毕业生参加培训的政策范围。人社部会同财政部先后印发12份有关资金使用管理的专

项文件，提高资金使用效能，真金白银举措帮助人才稳稳托住"技能饭碗"，彰显出浓浓的关爱之情。

强化基础建设，提升技能培训质量。组织开展职业技能提升行动质量年活动，建立培训质量监控体系，完善线上培训管理手段，强化培训考核监管，建立劳动者职业培训电子档案，实行实名制培训、实名制补贴，以大数据、信息化提升培训质量。职业发展到哪里，培训就跟进到哪里。2018年以来新发布56个新职业信息，颁布287个国家职业标准。推动开展新职业和数字技能培训、评价工作。在全国组织以电子社保卡为主要载体的职业培训券试点。截至2021年底，职业培训券在全国累计发券1 800多万张、用券近500万张。3年来全国开展补贴性职业技能培训超过8 000万人次。

面向企业技能岗位新入职、转岗员工，全面推行中国特色企业新型学徒制。发挥企业培养主体作用，实行培养和评价"双结合"、企业实训基地和院校培训基地"双基地"、企业导师和院校导师"双导师"，这种独特的培养模式，坚持实践标准和问题导向，走出一条青年技能人才的成功之路。3年培养企业新型学徒近150万人次。

以非常之举应对"非常之疫"。面对新冠肺炎疫情，将线下培训推上"云端"，实施"互联网＋职业技能培训计划"，阶段性实施百日免费线上技能培训行动，将各类企业职工线上培训纳入职业培训补贴范围，实名注册学员超过1 300万人次，实现疫情防控与职业技能提升两不误、双促进。大力开展以工代训，支持企业利用自有场所、生产设备,让职工边工作边进行生产技能培训。政策给技能人才稳岗送上"及时雨",给企业送上"雪中炭"。截至2021年底,以工代训惠及企业180多万家,"政策有温度,企业有干劲,人才得提升!"

持续不懈的职业技能培训,砥砺产业工人的精湛技艺,筑牢高质量发展的技能根基。从中国高铁奔驰神州大地、C919大型客机飞上蓝天,到"中国天眼"落成启用、北斗导航系统正式开通,大国工匠奋楫笃行,大国制造屡创奇迹。工匠精神薪火相传,技能力量蔚然成势,续写着中国制造、中国创造的动人故事。

近年来,山东临朐县实施"技能兴临"行动,通过比学赶超、以赛促训等方式,培育技能人才,助力产业发展。图为山东华建铝业集团有限公司技能人才在技能比武大赛中赛技。

(中国组织人事报社供图)

（三）

"我有一技之长，不怕找不到工作。"从贫困户变身月入不菲的育儿嫂，重庆农户谭会蓉底气十足；凭借拉面技艺，甘肃东乡县马进龙的工资比打杂工时翻了3倍；手握修脚刀，陕西紫阳县的龚成不仅脱了贫，还带动近60余人脱贫增收。

素质是立身之基，技能是立业之本。掌握一技之长，提升劳动能力，脱贫攻坚的成果最稳固。人社部门实施精准技能扶贫，推进贫困劳动力技能培训和贫困家庭子女技工教育，技能扶贫授人以渔，唤醒战贫力量，打开贫困之锁，点亮群众脱贫致富之路。

技能扶贫，贵在精准。人社部门深入推进深度贫困地区技能扶贫行动，精准锁定培训对象，以贫困劳动力为重点群体，免费提供培训、发放补贴，应培尽培。因地制宜开展特色技能培训，因人因需送技下乡，"点对点""一对一"精准传技。"培训教室一直在扩建！""夫妻、兄弟姐妹，全家都来了！"贫困地区群众学技能的热情不断高涨。近年来，累计培训贫困劳动力及贫困家庭子女700多万人次，涌现出吕梁护工、天镇保姆、化隆牛肉拉面师、紫阳修脚师等叫得响的劳务品牌，越来越多的乡亲手持"就业名片"，成了就业市场上的"香饽饽"。

"一个贫困家庭的孩子如果能接受职业教育，掌握一技之长，能就业，这一户脱贫就有希望了。"技工教育是阻断贫困代际传递的有效途径。以技工院校为主阵地，深入开展技能脱贫千校行动，完善绿色通道、"一站式"招生服务，贫困家庭子女就读技工院校不仅免学费，还有助学金，推动更多贫困家庭子女、"两后生"走进校门学习技能。脱贫攻坚期间，全国技工院校累计招收建档立卡贫困家庭子女超 36 万人。学生读得起、学得好、稳就业，成千上万贫困家庭斩断穷根。

脱贫摘帽是新生活、新奋斗的起点，用技能描绘乡村振兴画卷。实施国家乡村振兴重点帮扶地区职业技能提升工程，聚焦国家乡村振兴重点帮扶地区，加强技工教育和职业培训基础能力建设，加大帮扶力度，做到"应培尽培、能培尽培"，努力实现每个有培训需求的帮扶家庭劳动力都有机会接受职业技能培训，每个有就读技工院校意愿的帮扶家庭"两后生"都有机会接受技工教育，丰富技能教育层次，加强高技能人才培养。"十四五"期间，累计开展职业技能培训不少于 300 万人次，培养约 5 万名高级工以上高技能人才和乡村工匠，更好服务乡村振兴。

（四）

2022 年北京冬奥会上，北京工贸技师学院学生张梓哲用"蛋式"早餐征服了运动员们的味蕾，收获了十几枚徽章和 5 封感谢信。历届世界技能大赛，众多技工院校参赛选手崭露头角、摘金夺奖，"杭州工匠"杨金龙、"砌筑工状元"邹彬、"首席焊工技师"赵脯菠等皆出自技工院校，展示出强大的人才培养实力。

截至 2022 年，全国共有 2 492 所技工院校，在校生达 420 万余人，每年向社会输送约百万名毕业生。这是我国产业工人的重要供给基地，是技能人才自主培养的重要渠道。

大力发展技工教育，是培养技能人才、促进就业创业、推动中国制造和服务上水平的重要基础。经过不断发展，我国形成了以技师学院为龙头、以高级技工学校为骨干、以普通技工学校为基础的现代技工教育体系。因为接受技工教育，很多人的命运因此而改变，很多人的梦想因此而实现，很多人的幸福因此而成就。技工教育被誉为"财政投入最少、就业效果最好的教育类型之一"。

瞄准技术变革和产业优化升级的方向，推进产教融合、校企合作。技工院校秉承企业办学基因，以校企合作为基本办学制度，全面推进工学一体化技能人才培养模式，专业设置对接企业需求，教学内容对接职业标准，教学过程对接生产过程，招生即招工，进校即进企，实现技能人才培养与企业用人无缝衔接、与经济发展同频共振。技工院校毕业生上岗后，磨合期短、实践操作能力强、成长快，不少院校学生在毕业前就被企业"预订一空"，"企业抢着要人，学生供不应求"。技工教育得到广泛认可，过去招生"招不满"，现在"装不下"。

提升技能人才培养质量，是技工院校始终不渝的追求。高质量发展呼唤高端复合型技能人才，要求技工教育重视师资队伍的能力提升和学生创业创新的素质培养。先后举办两届全国技工院校教师职业能力大赛、两届全国技工院校学生创业创新大赛，定期开展全国骨干技工院校校长高级研修活动，推进世界技能大赛成果转化研究，开发遴选技能人才培养标准和一体化课程规范。深度贫困地区技能培训力量薄弱、技工教育发展滞后，人社部加强对口帮扶，动员44所技工院校参与，帮助深度贫困地区建设技工院校或开设分校（教学点）。雄伟的教学楼拔地而起，经验丰富的技校老师进藏支援，西藏技师学院揭牌，结束了西藏无技工院校的历史；南疆 38 所技工院校迎来东部地区源源不断的支援力量；"三区三州"技工教育实现大发展。

"没有一流的心性，就没有一流的技术"。出台加强技工院校劳动教育实施意见，明确立德树人、德技并修为"必修课"，把劳模精神、劳动精神、工匠精神融入人才培养全过程，着力培养学生养成劳动观念、劳动态度、劳动习惯和劳动情怀。技能成才、技能报国的理想信念，深深根植于技校学子的心灵深处；技能成就精彩人生的故事不断上演，追求卓越的工匠精神薪火传承，散发出时代芬芳。

（五）

世界技能大赛是最高层级的职业技能赛事，被誉为"世界技能奥林匹克"。我国正式加入世界技能组织近 12 年来，连续参加 5 届世界技能大赛。在党中央坚强领导下，我国参加世赛的成绩由第 41 届"1 银 5 优胜"到第 43 届实现金牌"零的突破"，到第 44 届、第 45 届两次位居金牌榜、奖牌榜和团体总分第一，登上世界技能之巅，再到成功申办第 46 届世界技能大赛，见证了中国技能健儿的拼搏之路，彰显出中国特色职业技能开发的独特优势。

士因习而勇，能因练而精。职业技能竞赛是展示精湛技能、相互切磋技艺的平台，对壮大技能人才队伍具有积极作用。党的

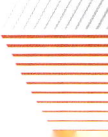

第 45 届世界技能大赛上,中国代表团荣登金牌榜、奖牌榜和团体总分第一,在世界舞台上大放光彩。图为美发项目金牌选手石丹身披国旗,走上最高领奖台。

(中国组织人事报社供图)

十八大以来,我国构建起以世界技能大赛为引领、中华人民共和国职业技能大赛为龙头、全国行业职业技能竞赛和地方各级职业技能竞赛以及专项赛为主体、企业和院校职业技能比赛为基础的具有中国特色的职业技能竞赛体系。人社部每年牵头组织开展全国行业职业技能竞赛 80 余项,竞赛项目涵盖各个职业领域,每年均有上千万人参加各类竞赛活动,为技能人才脱颖而出搭建起广阔舞台。

助力产业发展、服务重大战略,是技能大赛的使命所在、价值所求。中华人民共和国第一届职业技能大赛共设 86 个项目,覆盖国民经济行业大类的70%，所有比赛项目均服务于实体经济；全国乡村振兴职业技能大赛，围绕养老护理、电子商务、农机维修等农村实用技术展开，激励更多青年技能人才逐梦田野，让技能春风拂绿乡村沃野；"一带一路"国际技能大赛，搭建技能融通平台，加强技能领域交流合作，带动各国整体提升技能发展水平、促进就业创业，推动"一带一路"发展成为机遇之路、繁荣之路。

技能竞赛是群英会，也是宣传会。大赛不止于"赛"，更在于打开了一扇窗，让技能人才看到直通梦想的通道，让企业有机会接触优秀技能人才。中华人民共和国第一届职业技能大赛一闭幕，一家企业就以百万年薪的意向，向物联网技术项目金牌选手刘思雨伸出橄榄枝。众多像刘思雨一样的技能人才在竞赛的比学赶超中实现了人生的华丽转身。5 000余人通过职业技能竞赛荣获"全国技术能手"荣誉，一大批优秀选手晋升了国家职业资格等级。"当技术工人照样能出彩""千金在手不如一技傍身"，参赛选手摘金夺银、技能成才的励志故事广为传播、深入人心，点燃了更多年轻人技能成才、技能报国的理想种子。

技能大赛是练兵场，也是人才培养的风向标。人社部统筹推进世赛成果转化工作，推动技工教育改革创新，让优质的教学资源覆盖技能学子。注重加强各类大赛成果转化，以赛促学、以赛促训、以赛促改，对接国际先进标准，把握行业需求和市场动向，改革课程设置，升级传统专业，技能人才培养的步伐日益加快，技能人才培养质量不断提升。

2020年12月10—13日，中华人民共和国第一届职业技能大赛在广州举办，2 557名技能选手各展绝技。图为飞机维修比赛现场。

（中国组织人事报社供图）

（六）

"特级技师来了！"2021年人社部开展特级技师评聘试点，在初级工、中级工、高级工、技师、高级技师之上再设特级技师岗位等级。特级技师可比照企业正高级职称人员享受相关待遇，享受疗养休假以及落户、住房、医疗保障、子女教育等优惠政策，新时代技能人才再度迎来政策利好。

推进体制机制改革和政策创新，充分激发人才创造活力，是构筑人才制度优势的战略之举。从分批取消职业资格许可和认定事项，到动态调整国家职业资格目录；从分步取消水平评价类技能人员职业资格、退出国家职业资格目录，到全面推行社会化职业技能等级认定；从出台高技能人才与专业技术人才职业发展贯通办法，到启动特级技师评聘试点；从落实技能人才薪酬分配指引，到健全完善新时代技能人才职业技能等级制度……近年来，人社部围绕技能人才培养、使用、评价、激励，持续推出多项重磅改革举措，积极回应广大技能人才关切，真刀真枪疏通堵点、化解痛点，营造良好的技能人才发展生态。

"技能饭碗不仅端得稳，这碗饭还吃得香！"在吉林，获颁教授职称证书的中国中车长客股份有限公司焊工李万君，牵头完成150多项技术攻关，取得20余项国家专利；在江苏，世赛冠军宋彪被破格认定副高级职称，回到常州技师学院任教，带动更多青年走技能成才之路；在山东，青岛港集团、兖矿集团有限公司等一批骨干企业踊跃自主开展技能人才评价，有力推动产业一线的技术革新。人才活力就像一江春水，因改革而春意盎然，技能人才的获得感越来越强，崇尚技能、尊重劳动的社会氛围日益浓厚。

水激石则鸣，人激志则宏。完善高技能人才表彰奖励制度，焕发技能人才职业荣光。我国累计表彰290名中华技能大奖获得者，授予3 321人全国技术能手称号，选拔3 292名享受国务院颁发的政府特殊津贴的高技能人才。人社部牵头举办高技能领军人才研修交流和休假等活动，将党中央对技能人才的关心关爱，送到广大高技能人才的心田。"发展空间越来越大，我们干得更有劲了！"中华技能大奖获得者刘波心潮澎湃。"快递小哥"李庆恒获评杭州市高层次人才，感叹"不断精进技艺，人生就有出彩的机会。"

一个人改变一个班组,一个班组升华一个群体,一个群体托起一项事业。以评选表彰为引领,人社部指导各地、各行业部门,累计建设954个国家级高技能人才培训基地、1 196个国家级技能大师工作室,充分发挥受表彰高技能人才的示范引领作用,以技术传帮带,激发广大技术工人的创新创造活力,用行动报效祖国,推动着技能中国、创新中国不断向着新高度跃升。

伟大事业呼唤人才,伟大时代造就人才。

习近平总书记在中央人才工作会议上,擘画了"深入实施新时代人才强国战略,加快建设世界重要人才中心和创新高地"的宏伟蓝图,技能人才工作重任在肩、使命光荣。

奋斗新时代、奋进新征程,要坚持以习近平新时代中国特色社会主义思想为指导,深入学习贯彻习近平总书记重要指示精神,大力加强技能人才队伍建设,大力弘扬工匠精神,培养造就更多高素质技术技能人才、能工巧匠、大国工匠,为推动我国向技能强国转变,促进经济社会高质量发展,实现中华民族伟大复兴做出新的更大贡献。

(刘祖华 孙忠法 黄欢 魏杰 高阳 吴叶柳 谢小杭)

锻造中国制造中国创造的技能人才力量

——我国技能人才工作述评

（一）

"China……"在第41届世界技能大赛上，随着主持人宣布获奖信息的声音，年轻的一线焊工裴先峰获得银牌。中国首次参赛即实现了奖牌零的突破。

时间拨向2019年，第45届世界技能大赛。一群平均年龄不超过22岁的中国技能健儿，不断跃上大赛领奖台，闪耀全场。16枚金牌、14枚银牌、5枚铜牌及17个优胜奖，蝉联金牌榜、奖牌榜、团体总分第一，再次刷新中国技能竞技的高度。

这不同平凡的跨越，是耀眼的时刻，是值得记忆的历史瞬间。从中国走向世界，从平凡走向卓越，中国技能进入世界的视野，展示出一个民族、一个国家的强大自信。

翻开中华民族史册，四大发明、瓷器丝绸纺织曾经让世人惊叹，但中国制造贫瘠、技术技能人才凋零，也留下挥之不去的阴影。犹记得，20世纪20年代，因为既无拖拉机手也无熟练的机械维修人员,"数量很少的拖拉机成了一堆废铁"的辛酸;犹记得,因为工业基础薄弱,产品和技术都要依靠舶来,洋火、洋布、洋灰这些生活用品都被老辈人冠以"洋"字的无奈……

百年波澜壮阔,百年风雨兼程,百年沧桑巨变。从新中国第一架飞机"初教-5"到大飞机C919,从第一颗卫星"东方红一号"上天到"天问一号"首次探火,从第一艘沿海客货轮"民主十号"到第一艘国产航母……无数个第一的伟大跨越,让中国制造潮涌东方、照亮世界,托举的正是一代代大国工匠。他们运斤如风、削铁如泥,断长续短、鬼斧神工,在百年奋斗中不断书写着中国制造的传奇,将"中国工匠""中国技能"写进了世界历史。

世界技能组织主席西蒙·巴特利为第44届世界技能大赛阿尔伯特大奖获得者、我国工业机械装调项目选手宋彪颁奖。

(中国组织人事报社供图)

一组数字，让技能人才"光阴的故事"更富吸引力——到2020年底，技能人才总数已经超过2亿人，高技能人才约5 800万人，全国技工院校2 400多所。2016年以来，全国职工推出技术革新项目214.5万项，发明创造项目80.8万项，折射着崇尚技能、尊重创造的中国不断释放的巨大魅力。

（二）

1959年，全国新技工培养训练展览会在北京劳动人民文化宫隆重开幕。正殿中央，毛泽东主席亲笔题写的"培养技术人材，是我们国家根本之图"金色大字格外引人注目。2020年12月，习近平总书记在给首届全国技能大赛的贺信中指出，"技术工人队伍是支撑中国制造、中国创造的重要力量。"跨越时空的呼应，彰显着一个百年大党对技术工人、技能人才的重视。

时间回拨到20世纪30年代。那时，苏区极度缺乏枪支弹药，经济困难。在毛主席的支持倡导下，各苏区开展了包括技术工人、企业在内的革命竞赛。陕甘宁边区的"赵占魁运动"、晋绥边区的"张秋凤运动"、晋冀鲁豫边区的"甄荣典运动"如火如荼，技术工人你追我赶，形成一股创新技术、积极工作的高潮。正是这样热切的创新期盼、急切的学习渴望，让中国技能人才在伟大征程中，敞开胸襟不断大步迈进。

新中国成立后，面对"满目萧条，百废待兴"的"一张白纸"，一个工业极端落后的"家底"，毛主席发出"现在我们能造什么"的忧虑，"一辆汽车、一架飞机、一辆坦克、一辆拖拉机都不能

造。""工厂办技工学校培养技术工人是一个好办法。""提高劳动热忱,发展生产竞赛,奖励生产战线上的成绩昭著者,是提高生产的重要方法",一穷二白的中国,到处是技术工人奋斗的身影,让中国制造一开始就充满了传奇。

时代的进步、改革的潮流,开启了一扇春天的窗口。但那时,与西方相比,中国制造、中国技能的差距,依然很大。中国技能需要找到一把钥匙,打开融入世界前沿、时代潮流的大门。

"就像风一样快……我们现在很需要跑!""工人阶级要为实现四个现代化作出优异贡献""如果不管贡献大小、技术高低、能力强弱、劳动轻重……这怎么能调动人们的积极性?""要经常帮助专业技术人员进修,给他们提供自学条件。"邓小平同志对于技术工人队伍建设、技能发展的深邃思考,为技能人才、技术工人打开了奔向春天的大门。江泽民同志为高技能人才评选表彰制度题字"全国技术能手"。胡锦涛同志强调"没有一流的技工,就没有一流的产品"。改革开放的大潮,冲破"技能低人一等"的思想桎梏,给技能发展带来崭新的天地。很多人的命运柳暗花明,很多人的梦想破土而出,打开了人们,尤其是技能青年对未来的想象空间。

党的十八大以来,习近平总书记高度重视关心技能人才,多次对技能人才工作作出重要指示,要求培养更多高素质技术技能人才、能工巧匠、大国工匠,为全面建设社会主义现代化国家、实现中华民族伟大复兴的中国梦提供有力人才和技能支撑。"工业强国都是技师技工的大国,我们要有很强的技术工人队伍""作为一个制造业大国，我们的人才基础应该是技工""大力弘扬劳模精神、劳动精神、工匠精神，激励更多劳动者特别是青年一代走技能成才、技能报国之路，培养更多高技能人才和大国工匠""大力发展技工教育""提高技术技能人才社会地位"……这些重要论述为技能人才队伍发展注入了强大思想动力，技能人才队伍建设驶入了快车道。

从新时期产业工人队伍建设改革方案到提高技术工人待遇意见，从对我国技能选手在第 45 届世界技能大赛上取得佳绩作重要指示到为首届全国技能大赛致贺信……习近平总书记亲力亲为推动技能人才队伍建设，更多高素质技术技能人才、能工巧匠、大国工匠不断涌现，更多青年把人生出彩、梦想成真的机会牢牢握在自己手中，形成一股坚定走技能成才技能报国之路的浓厚风气。

大风泱泱，大潮滂滂。在艰难中奋起，又在接续奋斗中不断向前，有激情燃烧的奋斗，有坚持不懈的尝试，中国技能在伟大思想的引领下，爆发出巨大的势能，一路奔涌向前。

（三）

翻开德国联邦政府出版的《德国概况》一书，有这样一句话："德国是一个原材料匮乏的工业国家，它依赖的是受过良好教育的技术力量。"良好的职业教育孕育出优秀的技能人才，让德国制造成为享誉全球的名片。

岁月奔流，长风浩荡。中国技术工人、技能人才的教育培养，

在民族危难之时发轫，在社会主义建设和改革开放之中发展，在民族复兴之路上兴盛，画出了一条从无到有、从弱到强的历史轨迹。

1942年，新西兰友人路易·艾黎在陕甘宁边区创办了培黎工艺学校，采用半工半读的教学模式，将先进的技术带到了大西北农村，培养了一批能吃苦、讲实干的技术人才。有人说，在当年偏僻落后的山丹出现培黎学校，不亚于一场启蒙运动。正是一开始就重视技工教育，勇于接受先进教育理念，让中国技能充满了希望和憧憬。

百废待兴的新中国，救济失业工人，校办工厂、厂办学校大量出现，有计划培养后备技术工人；改革开放后，"应该考虑各级各类学校发展的比例，特别是扩大……技工学校的比例"，技工教育迎来了发展的春天；党的十八大以后，大力发展、系统规划技工教育，坚持需求导向、深化改革、特色发展，以就业为导向，实行多元办学，技工学校、技师学院等不断涌现，具有中国特色的技工教育发展体系已经成型，技工教育成为技能人才队伍发展壮大的摇篮。

工人不识字，成立工人文化宫，创办识字班、夜校、职工业余学校、工农学校，进行识字教育；技工缺经验、缺技术，开展职业技能培训，创新开展"互联网+职业技能培训"；应对科技革命和产业变革，改善新职业人才供给质量结构，加强新职业培训工作……持续加大制度创新、政策供给、投入力度，逐步形成了以企业行业为主体、技工院校等职业院校为基础、学校教育与企业培养紧密联系、政府推动与社会支持相互结合的技能人才培养体系。

技能人才培养既是理论的，也是实践的。实践是培养技能人才的广阔天地。在战火纷飞中，用大锤敲击凿子，在无缝钢管的内腔刻制大炮筒的来复膛线；在新中国成立初期的艰苦岁月中，"工地是战场，工地是课堂"，把字写在工具上、门板上、木柱上，学技术学知识；在脱贫攻坚战中，实施技能脱贫千校行动，进行技能扶贫。穿越时空的一个共同点，就是以实践为课堂，在祖国大地上用创新书写技能故事。

三位高技能人才党代表薛莹（左）、李万君（中）、许启金（右）在十九大"党代表通道"，与中外媒体面对面交流，展示了"大国工匠"的风采。

（中国组织人事报社供图）

时代在变，产业在变，职业也在变。适应时代变化，人工智能工程技术人员、工业机器人系统操作员、互联网营销师、农业经理人等新职业培训方兴未艾，无人机应用、3D打印、物联网应用等一大批新专业和专业方向应运而生，新兴产业亟须的高技能人才正在加速培养……

因为技工教育，很多人的命运因此而改变，很多人的梦想因此而实现，很多人的幸福因此而成就。1950年，年仅16岁的耿鼎进入重庆一所技工学校学习，毕业后成长为高级工程师并担任昆明重机厂总工艺师；2015年，来自四川凉山的阿木约布，经过珠海市技师学院与凉山州农业学校共同培养，成了珠海一家公司的车间班组长；宝钢技工学校毕业生王军，两获国家科技进步二等奖，被称为"蓝领科学家"；广州市机电技师学院胡耿军成为第45届世界技能大赛移动机器人项目金牌获得者……他们就是技工教育的见证者，也见证着中国技能成长的步伐。

国家的竞争，是人才的竞争，也是教育底蕴和教育实力的比拼。日益兴旺的技工教育，为技能人才培育注入了源源不断的动力，为众多有志于学技能的孩子提供实现梦想的机会，也不断培厚培深着技能强国、制造强国的根基。

（四）

20世纪50年代，我国建立和实行八级工资制，将工人的技术等级与工资等级挂钩。有人对此进行比喻，八级工就像武侠小说里的顶尖高手，不仅受人尊重，工资也比一般工人高。那个年代,很多技术工人以成为八级工为奋斗目标。

2020年,酒钢集团能源中心的一线技术工人、首席技师杜均通过了甘肃省人社厅组织的工程技术领域高级职称评审,破格获得正高级工程师职称,成为甘肃首位"工人专家"。

从技术工人到"工人专家",从八级工到高级职称,这是激励使用技能人才的一个缩影,更是一个时代给予技术工人、技能人才地位的认可和尊重。

马克思曾经指出,人们奋斗所争取的一切,都同他们的利益有关。让劳动报酬增长与劳动生产率提高同步,让技术工人、技能人才的尊严、社会的公平正义实实在在地体现在待遇报酬上,激励着他们努力拼搏、刻苦钻研。苏区工人按其技术水平给付工资,造枪奇才刘贵福每月津贴是总司令朱德的近6倍,八级工待遇超过了厂长,那时,经济困难下,技术工人的待遇保障,显示着他们的卓然地位。

时代不会亏待技能追梦人。2008年,在3 997名国务院特殊津贴获得者名单上,有400名高技能人才赫然在目;2010年,广州对"振兴杯"全国青年职业技能大赛的冠军、广州市工贸技师学院教师陈立准,破天荒地重奖20万元;2019年,深圳出台对获得世界技能大赛金牌选手重奖100万元的政策……"这在以前是做梦也想不到的事情。"有人这样说。这个梦,折射出技能人才待遇的巨大改变,反映出技能人才地位的极大提升。鼓励实行年薪制、协议薪酬制、专项特殊奖励……政策的不断改革完善,进一步提升技能人才的获得感、幸福感。

从实行工人技术等级考核制度到推行职业资格证书制度，再到建立职业技能等级制度；从分批取消职业资格许可和认定事项到公布国家职业资格目录，再到分步取消水平评价类技能人员职业资格；从职业资格评价改革到推行社会化职业技能等级认定……政策不断发力，改革不断破冰，技能人才职业发展的"天花板"被打破。"科学家造梦，工程师作图，技能人才做工"，这种楚河汉界、泾渭分明的职业分工，也正在走向融合。

"劳模精神、劳动精神、工匠精神是鼓舞全党全国各族人民风雨无阻、勇敢前进的强大精神动力。"1954年，邮政部发行了一套主题为张名山"反围盘"和主题为王崇伦"万能工具胎"的特种邮票，让人体会到技能之美；1995年以来开展中华技能大奖和全国技术能手评选表彰活动，让人感受到技能人才之重……技术工人、技能人才当选党代表、全国人大代表，成为全国劳模，站上国家科技进步奖的领奖舞台，技能大师工作室、劳模和工匠人才创新工作室、职工创新工作室、青创先锋工作室不断涌现，崇尚技能的氛围日益浓厚。

水激石则鸣，人激志则宏。技能人才政治、经济、社会待遇的不断提高，激励着广大技能人才，尤其是更多青年走上了技能报国、技能成才之路。

（五）

冬日的广州，繁花似锦，暖意融融。

2020年12月13日，中华人民共和国第一届职业技能大赛在这里落下帷幕。2 557 名选手在 86 个比赛项目切磋技艺。这是新中国成立以来,首次举办的赛事规格最高、竞赛项目最多、参赛规模最大、技能水平最高、社会影响最广的综合性国家职业技能大赛。

大赛现场,是技能展演的饕餮盛宴,是实力的展现、本领的比拼,更是一个彰显中国技能水平的窗口。"这些年轻人用自己的智慧和汗水绘就了成才之路,用实际行动证明了技能人才也有辉煌的人生,"曾荣获国家科学技术进步奖二等奖和中华技能大奖的中车首席技能专家罗昭强这样感叹。

"增加生产各争先,劳动竞赛胜往年,优胜题名红板上,懒疏写在黑板边。"这首当年苏区流传的歌谣,唱出了工人与工人之间、工厂与企业之间你追我赶,实现技术革新的情景。正是这样的竞赛,让技术工人的精神面貌为之一新,觉悟大大提高,生产效率大幅度提升。

"职业技能竞赛为广大技能人才提供了展示精湛技能、相互切磋技艺的平台,对壮大技术工人队伍、推动经济社会发展具有积极作用。"从延安时期山沟沟里的革命竞赛到 20 世纪 50 年代的企业工人技术比赛、技能比武,从全国首届青年奥林匹克技能大赛到"振兴杯"全国青年职业技能大赛,从"一带一路"国际技能大赛到全国行业职业技能竞赛,从"三区三州"职业技能大赛到全国扶贫职业技能大赛,从全国技能大赛到世界技能大赛,蓬勃开展的技能竞赛,为优秀技能人才脱颖而出搭建了圆梦舞台。

党的十八大以来,逐步形成了以世界技能大赛为引领、全国技能大赛为龙头、全国行业职业技能大赛和地方各级职业技能竞赛以及专项赛为主体、企业和院校职业技能比赛为基础的、具有中国特色的职业技能大赛体系，广泛开展各级各类职业技能竞赛活动，实现以赛促学、以赛促训、以赛促评、以赛促奖。近年来，我国每年举办国家级一类大赛近10项、国家级二类竞赛70余项，参与竞赛人数达到1 000多万人，涉及的竞赛职业工种有上百个。同时，各地区也结合实际组织开展了各级各类竞赛活动。

竞赛场上金戈铁马，只为技能一展芳华。在众多技能大赛中，总能看到这样的留言，"当技术工人照样能出彩""千金在手不如一技傍身"……技能宝贵、创造伟大的心声，在大赛上不断回响，在社会中广泛传播。

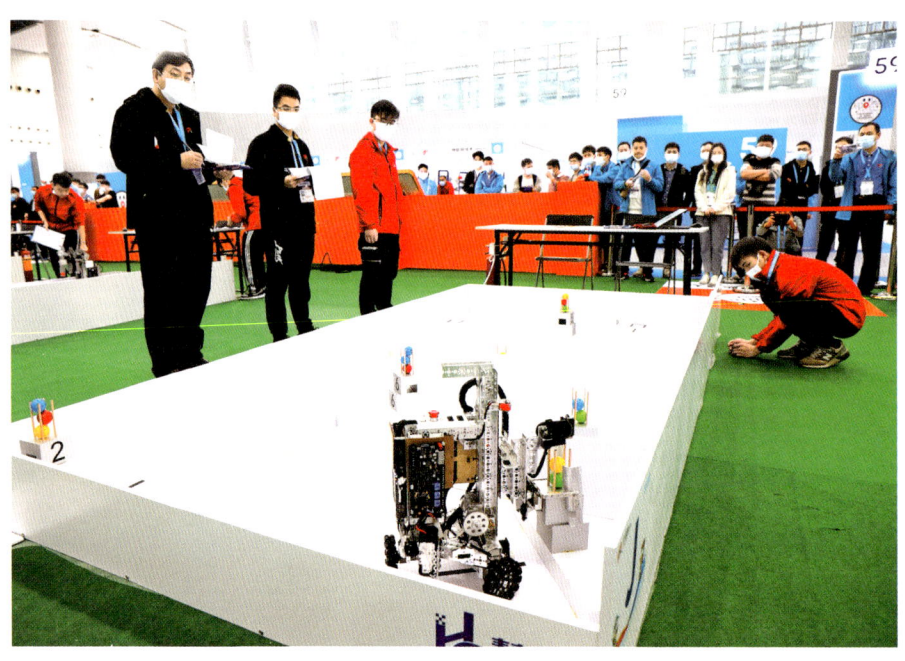

中华人民共和国第一届职业技能大赛移动机器人比赛现场。

（中国组织人事报社供图）

（六）

徐立平为铸"利剑"不畏险，"雕刻"火药三十年；彭祥华二十多年如一日坚守在祖国偏远地区工程建设一线；孟剑锋在厚度只有0.6毫米的银片上錾出细致的纺织纹理……2015年，一部《大国工匠》专题片在央视热播，讲述劳动者用双手匠心筑梦的故事。这些不平凡的劳动者，大都没有进名牌大学、拿耀眼文凭，而是默默坚守、孜孜以求，追求职业技能的完美和极致，跻身"国宝级"技工行列，成为相关领域不可或缺的人才。

这是一种技能报国、技能成才的信仰追求。无论是战火纷飞的艰难岁月，还是西方技术封锁的新中国成立初期，无论是温饱还没有解决的时代，还是物质极大丰富的今天，都无法阻挡技术工人、技能人才对技能报国技能成才的孜孜追求。工人们吃住在车间，饿了就吃口干粮，咬口咸菜，困了就在厂房里和衣而眠，只为制作出新中国第一枚金属国徽；在戈壁荒滩、深山峡谷，克服难以想象的困难隐姓埋名，只为成功发射两弹一星……他们把对技能的热爱，对肩上责任、心中信念的执着，书写在祖国大地，铭刻在人民心间，托举起一个国家、一个民族的梦想。这也是百年来中国技能闪耀世界的奥秘所在，也是他们勇往直前、敢于探索、勇于创新的关键力量所在。

这是一种追求极致的工匠精神。从青花瓷到中式园林，从鲁班刻凤、庖丁解牛到《考工记》《天工开物》，中国自古就不缺少"工匠基因"。用数控机床把毛坯打造成尺寸误差在0.01~0.02

毫米的成品；一把锉刀锉削出精度 0.003 毫米的航空零件；时速达 350 公里的"复兴号"，离不开"一枪三焊"的独门绝技；7 毫米细的钢丝吊起 5 辆小轿车；在牛皮纸一样薄的钢板上焊接而不出现一丝漏点；把密封精度控制在头发丝的五十分之一……他们卓越的劳动创造、极致的追求精神，展现出产业工人的技艺之美，闪耀着大国工匠的精神光芒。他们之所以能够匠心筑梦，凭的是传承和钻研，靠的是专注与磨砺。

这是一种永不服输的奋斗精神。"毛主席的好工人"尉凤英、"焊接巧匠"高凤林、"金牌工人"许振超、"油井女杰"束滨霞、"高空养路人"赵大坪、"机电大王"杨杰……一批批技能楷模和大师成长的背后，都有着常人难以想象的艰辛，都有着那种勇往直前的奋斗精神。建筑石雕能"筑"出世界冠军，剪发能剪成副教授，外卖骑手能获得职业技能等级证书，拧螺丝可以"拧"成全国劳模，手持焊枪可以身披国旗走上国际大赛领奖台，这些骄人业绩的取得，靠的就是那日日夜夜的钻研奋斗。

赤子其人，寸心如丹。时代给予了技能人才展示自我的机遇，技能人才也用自己的行动成就了奋斗的人生，为"你怎样，中国技能就怎样"做出了生动的注脚。

（七）

对历史的最好回望，就是创造新的历史。

翻开"十四五"规划和 2035 年远景目标纲要，"拓宽技术工人上升通道，畅通非公有制经济组织、社会组织、自由职业专业技术人员职称申报和技能等级认定渠道,提高技能型人才待遇水平和社会地位"。这是一幅技能人才创新活力充分涌流的美好蓝图,更是一个新时代的梦想。

载着未来梦想启航,怀着报国之志出发。今天,中国在新一轮科技革命和产业变革的跑道上全速奔跑。坚持党的全面领导,坚持党管人才原则,就是中国技能全速奔跑的关键所在、中国技能人才队伍快速发展的根本保障。一支知识型、技能型、创新型的劳动者大军蓄势待发,更多高素质技术技能人才、能工巧匠、大国工匠不断涌现,必将带动工人阶级整体素质的提升,从而使党的阶级基础更加牢固,必将促进产业优化升级、提高企业竞争力、推动技术创新和科技成果转化,在激烈的国际竞争中具有更强的竞争优势!

(刘序明)

淬炼中国制造中国创造的技能大军

——党的十八大以来技能人才队伍建设综述

这是匠心紧扣时代脉搏、中国技能全速奔跑的十年。从"嫦娥"奔月到"祝融"探火,从"北斗"组网到"奋斗者"深潜,从港珠澳大桥飞架三地到北京大兴国际机场凤凰展翅……这些科技成就、大国重器、超级工程背后,刻印着无数大国工匠一丝不苟、追求卓越的身影。

这是技能点亮梦想、技能成才的最好时代。放眼各行各业,建筑石雕"筑"出世界冠军,拧螺丝"拧"成全国劳模,手持焊枪登上国际大赛领奖台,身怀绝技绝活可拿百万年薪,技能不断演绎精彩人生故事,成为广大青年实现人生梦想的重要途径。

人才造就伟业,时代呼唤人才。技能人才是我国人才队伍的重要组成部分,是支撑中国制造和中国创造的重要力量。党的十八大以来,以习近平同志为核心的党中央高度重视技能人才队伍建设工作。习近平总书记多次作出重要指示批示,要求健全技能人才培养、使用、评价、激励制度,大力发展技工教育,大规模开展职业技能培训,加快培养大批高素质劳动者和技术技能人才。

各级人社部门认真落实中央部署和要求，强化政治担当，找准工作定位，突出部门特色，不断改革创新、破解难点堵点，推动技能人才队伍建设进入快车道。

截至 2021 年底，全国技能人才总量超过 2 亿人，高技能人才超过 6 000 万人，技能人才占就业人员总量的比例超过 26%，高技能人才占技能人才的比例达到 30%。一支规模宏大、结构合理、技能精湛、素质优良，基本满足我国经济社会高质量发展需要的技能大军正在形成，为全面建设社会主义现代化国家、实现中华民族伟大复兴的中国梦提供有力技能支撑。

体制机制改革激活力添动力

新"八级工"来了！

2022 年 3 月，人社部出台意见，健全职业技能等级制度体系，形成由学徒工、初级工、中级工、高级工、技师、高级技师、特级技师、首席技师构成的职业技能等级（岗位）序列，进一步拓宽技能工人发展晋升通道，打破成长的"天花板"，新时代技能人才再度迎来政策利好。

以人才发展体制机制改革激发人才创造活力，是构筑人才制度优势的战略之举。长期以来，经济待遇偏低、社会地位不高、发展通道狭窄，导致人们不愿意从事技能工作。党的十八大以来，有关部门直面问题、破解难题，出台多项改革举措，让广大技能人才拥有更多获得感自豪感幸福感。

发展通道不断畅通。从2013年开始，人社部牵头开展清理职业资格许可认定工作，报经国务院同意分七批取消了434项部门设置的职业资格。人社部健全完善新时代技能人才职业技能等级制度，启动特级技师评聘试点，实行新"八级工"制度。各级人社部门积极改革评价机制，推行社会化职业技能等级认定，推动各级各类企业自主开展技能人才评价；引导鼓励技工院校毕业生报考事业单位，为技工院校毕业生搭建平等就业通道。

待遇水平不断提高。2018年，中办、国办印发意见，提高技术工人待遇，实现技高者多得、多劳者多得。2021年，人社部印发技能人才薪酬分配指引，推动企业建立健全符合技能人才特点

近年来，安徽定远县充分利用企业、培训机构和技能大师工作室等平台，大力开展技能评定、技术攻关和技术创新等活动，促进技能人才水平提升，助推企业高质量发展。图为泉盛公司青年技能人才在攻关生产技术难题。

（中国组织人事报社供图）

的工资分配制度。吉林建立企业高技能人才岗位津贴制度；青海引导企业采取协议工资、项目工资、年薪制等多种分配方式，提高技能人才薪资待遇。

表彰激励提升社会地位。高技能人才表彰奖励制度不断完善，到 2022 年全国累计表彰 290 名中华技能大奖获得者，授予 3 321 人全国技术能手称号，选拔 3 292 名高技能人才享受国务院政府特殊津贴。北京每两年开展一次"享受北京市政府技师特殊津贴人员"评选工作，到 2022 年已有 599 名技师、高级技师享受此项津贴。江苏高技能领军人才被纳入党委联系专家范围，与高层次人才同等享受购买自用商品住房、省内就医就诊和体检安排等方面待遇政策。

要让技能饭碗不仅端得稳，还要吃得香。一系列措施的实行，让"知识改变命运、技能成就未来""崇尚一技之长、不唯学历凭能力"理念逐渐深入人心。中华技能大奖获得者刘波心潮澎湃，"发展空间越来越大，我们干得更有劲了！"快递小哥李庆恒被评为杭州市高层次人才，感叹"不断精进技艺，人生就有出彩的机会！"

技工教育提质增效

"是技工教育让我走出了大山，真正改变了我的命运。"

今年 25 岁的阿木约布来自四川凉山州。2015 年，高中辍学一年的他在珠海市技师学院与凉山州农业学校共同培养下学习技能。如今他已成为珠海一家公司的车间班组长，管理着 30 名员工。

"现在就希望能够凭着自己的努力在珠海安家,将来把父母从山里接出来让他们享享福。"

技工教育是我国职业教育的重要组成部分,大力发展技工教育,是培养技能人才、促进就业创业、推动中国制造和服务上水平的重要基础。传承职业技能,技工教育使命在肩。

从技工教育"十三五""十四五"规划勾勒发展蓝图,到推进技工院校工学一体化技能人才培养模式、出台深化技工院校改革大力发展技工教育的意见……党的十八大以来,人社部门贯彻国家加快发展现代职业教育的总体要求,推动技工院校高质量发展,构建与经济社会发展相适应的现代技工教育体系。特别是新修订的《职业教育法》首次提出面向市场、促进就业基本原则,明确大力发展技工教育,全面提高产业工人素质,为人社部门做好技工教育工作提供了法治保障和遵循。

据统计,截至2021年底,全国共有2 492所技工院校,在校生达426万余人,每年向社会输送约百万名毕业生,已形成了以技师学院为龙头、高级技工学校为骨干、普通技工学校为基础的现代技工教育体系。

紧盯就业和产业发展需求。人社部定期颁布《全国技工院校专业目录》,并瞄准技术变革和产业优化升级的方向定期开展增补工作,研究确定新增专业和专业方向,指导技工院校培养产业亟须人才。无人机应用、3D打印、物联网应用等一大批新专业和专业方向应运而生。江苏常州技师学院所设专业均对接常州现代制造业和服务业发展需求;西安技师学院紧密对接产业升级和技术变革趋势，开设数字化设计与制造、智能检测与工业网络技术等新兴专业。

推进产教融合、校企合作。技工院校将校企合作上升为技工教育基本办学制度，全面推行工学一体化技能人才培养模式，校企共同招生招工、共商专业规划、共议课程开发、共组师资队伍、共创培养模式、共建实习基地、共搭管理平台、共评培养质量，实现技能人才培养与企业用人无缝衔接、与经济发展同频共振。

技工院校毕业生上岗后，磨合期短、实践操作能力强、成长快，不少学生在毕业前就被企业"预订一空"，"企业抢着要人，学生供不应求"，技工院校就业率保持在 97% 以上。"这几年我们学校的发展形势越来越好，招生非常火爆，生源质量有了很大提升！"宁波技师学院院长李世存说。

大规模培训增技能强素质

凭着一手木工活，家住山西省榆社县田家沟村的常国峰，过去就近打散工，帮乡邻做家具、盖房子，收入不稳定。2021 年，他免费参加了县里组织的古建筑修缮培训班，并取得山西省人社厅颁发的木工初级工技能证书。"有了技能证书，去外地做工也能得到认可。"如今常国峰再也不用担心没活儿干，已经参与十几处古建筑的修缮，每月收入提高了两倍左右。

技能是立身之本，也是就业之基。职业技能培训是全面提升劳动者就业创业能力、缓解技能人才短缺结构性矛盾、提高就业质量的根本举措。

近年来,中国石化中原油田文卫采油厂坚持在生产一线培养技能人才,充分发挥技能人才在破解技术难题、创新攻关中的作用,助力企业提质增效。图为技能骨干向现场工作人员讲解新研制的设备使用前的技术要领。

(中国组织人事报社供图)

深入实施高技能人才振兴计划、实施职业技能提升行动、出台"十四五"职业技能培训规划、实施"技能中国行动"……党的十八大以来,一批批技能培训计划和行动给广大劳动者送去了技能,带来了实惠。到2022年,全国累计建设954个国家级高技能人才培训基地、1196个国家级技能大师工作室。

大规模开展职业技能培训。2018年,我国确立并推行面向全体劳动者的终身职业技能培训制度。2019年,我国开展为期3年的职业技能提升行动,加快建设知识型、技能型、创新型劳动者大军。截至2021年底,全国共开展补贴性职业技能培训 8 300 多万人次，累计发放职业培训券 1 800 多万张，有效提高了劳动者技能水平和就业创业能力。

聚焦重点群体，开展就业技能和创业培训。紧盯农民工、高校毕业生、下岗失业人员、退役军人等群体，组织实施专项培训计划，将培训补贴对象扩大到普通本科高校、中高职院校毕业年度毕业生，近 3 年累计培训农民工近 3 000 多万人次、高校毕业生 320 多万人次、退役军人 31 万余人次。实施"马兰花"创业培训计划，累计培训 620 多万人次。加强养老护理、家政服务等惠及百姓生活的急需紧缺职业（工种）培训，组织开展长江流域禁捕退捕渔民培训，促进退捕渔民就业。

全面推行新型学徒制。为创新企业技能人才培养模式，2015 年 7 月，人社部、财政部决定在江苏等 12 个省（区、市）开展企业新型学徒制试点工作。2021 年 6 月，人社部、财政部等 5 部门联合印发意见，提出全面推行中国特色企业新型学徒制培训，让新入职员工接受高质量岗前职业技能培训，让转岗员工达到"转岗即能顶岗"。在江苏苏州，截至 2021 年底，已有 200 多家企业组织开展新型学徒制培训，帮助 1 万多人提升了职业技能，更好地实现稳定就业和高质量就业。近 3 年全国共培训企业新型学徒近 150 万人次。

面对新冠肺炎疫情，人社部门将线下培训推上"云端"，实施"互联网＋职业技能培训计划"，阶段性实施"百日免费线上技能培训行动"，将各类企业职工线上培训纳入职业培训补贴范围，实名注册学员超过 1 300 万人次。大力开展以工代训，助力企业纾困解难。截至 2021 年底，以工代训惠及企业 180 多万家，让"企业有干劲，人才得提升"。

涓涓细流，汇聚成河。持续不懈的职业技能培训，砥砺了产业工人的精湛技艺，筑牢了高质量发展的技能根基，推动技能人才队伍结构不断优化、素质不断提高。

技能竞赛筑匠心

"China……"在第 41 届世界技能大赛上，随着主持人宣布获奖信息的声音，年轻的一线焊工裴先峰获得银牌。中国首次参赛即实现了奖牌"零的突破"。

世界技能大赛是最高层级的职业技能赛事，被誉为"世界技能奥林匹克"。我国正式加入世界技能组织近 12 年来，连续参加 5 届世界技能大赛。我国参加世赛的成绩由第 41 届"1 银 5 优胜"到第 43 届实现金牌"零的突破"，再到第 44 届、第 45 届两次位居金牌榜、奖牌榜和团体总分第一，登上世界技能之巅，见证了中国技能健儿的拼搏之路，彰显出中国特色职业技能开发的独特优势。

职业技能竞赛为广大技能人才提供了展示精湛技能、相互切磋技艺的平台，对壮大技术工人队伍、推动经济社会发展具有积极作用。党的十八大以来，我国逐步形成了以世界技能大赛为引领、中华人民共和国职业技能大赛为龙头、全国行业职业技能大赛和地方各级职业技能竞赛以及专项赛为主体、企业和院校职业技能比赛为基础的、具有中国特色的职业技能竞赛体系，广泛开展各级各类职业技能竞赛活动，实现以赛促学、以赛促训、以赛促评、以赛促奖。我国每年举办国家级一类大赛近 10 项、国家级二类竞赛 70 余项，参与竞赛人数达到上千万人次，涉及的竞赛职业工种有上百个。同时，各地区也结合实际组织开展了各级各类竞赛活动。

技能竞赛助力产业发展、服务重大战略。中华人民共和国第一届职业技能大赛 86 个项目，覆盖国民经济行业大类的 70%，所有比赛项目均服务于实体经济；全国乡村振兴职业技能大赛，围绕养老护理、电子商务、农机维修等农村实用技术展开，激励更多青年技能人才逐梦田野；"一带一路"国际技能大赛，搭建技能融通平台，加强技能领域交流合作，带动各国整体提升技能发展水平、促进就业创业，推动"一带一路"发展成为机遇之路、繁荣之路。

技能竞赛为优秀技能人才脱颖而出搭建了圆梦舞台。第 45 届世赛制造团队挑战赛项目冠军陈鑫鹏表示，竞技是成长的快车道，能学到更多东西。走下领奖台，他从高级工跃升为铣工高级技师。第 43 届世赛汽车喷漆项目冠军杨金龙于 2018 年当选为第十三届全国人大代表，积极为推动技能人才工作建言献策。通过职业技能竞赛，一大批优秀选手晋升了职业资格或职业技能等级，点燃了更多年轻人技能成才、技能报国的理想种子。

技能竞赛是练兵场，也是人才培养的风向标，带动了技工院校整体教学质量提升。人社部统筹推进世赛成果转化工作，推动技工教育改革创新，让优质的教学资源覆盖技能学子。广大技工院校纷纷积极转化世赛成果，对接国际先进标准，改革课程设置，让培养世赛选手的方式方法、技术要求等惠及更多的学生，为经济社会发展提供了源源不断的高质量人才。

行而不辍，万里可期。朝着第二个百年奋斗目标，一支知识型、技能型、创新型的技能大军正意气风发，奋勇前进，助推"中国号"巨轮披荆斩棘、扬帆远航！

（张璇）

市场激活力　发展添动力

——党的十八大以来人力资源服务业发展综述

"十三五"时期，全国人力资源服务行业累计举办招聘会119万场，为11.5亿人次提供就业、择业和流动服务，"求职到市场、招聘找市场"的观念深入人心；24家国家级人力资源服务产业园和一批富有特色的地方产业园，推动形成人力资源服务业创新发展高地。

人力资源服务业是实施人才强国战略和就业优先战略的重要载体，对于促进社会化就业、更好发挥我国人力资源优势、服务经济社会发展具有重要意义。党的十八大以来，我国人力资源市场功能作用日益增强，人力资源服务业蓬勃发展，行业规模持续扩大，服务产品不断丰富，为加快构建中国特色的人力资源服务产业体系，提高我国经济综合竞争力，持续改善民生，促进高质量发展提供了有力支撑。

合理流动　优化配置
统一规范的人力资源市场体系不断健全

"以前招大学生要去人才市场，招一线工人要去劳动力市场，现在不用两头跑了！"安徽恒泰动力科技有限公司人力资源部部长张玉清一脸轻松地感慨。

为进一步完善人力资源市场机制，推动建立统一规范的人力资源市场体系，消除劳动力和人才市场服务分割设置的状况，2013年，人社部出台《关于加快推进人力资源市场整合的意见》，对在全国范围内建立统一规范的人力资源市场进行部署。各地纷纷整合人才市场和劳动力市场资源，因地制宜设立综合性的服务场所，理顺公共就业和人才服务的管理职能，完善公共就业和人才服务体系，推动两个市场有机融合。

现在，统一规范的人力资源市场基本形成，人力资源市场整合改革目标基本实现。在江西九江人力资源市场，求职者评价："环境优了，服务好了，找工作更方便了！"人力资源市场工作人员认为："统一管理、统一信息系统、统一服务标准，整合后的市场提升了公共就业和人才服务水平。"

"职能分开、机构分设、人员分离、分类管理"，为充分发挥市场主体作用，激发市场活力，人力资源市场管理部门进一步厘清政府与市场的关系。"把公共服务业务与经营性业务分开，既能够优化公共服务供给，又能够凸显市场作用，让经营性业务做大做强。"广东江门市人力资源市场相关负责人说。

人力资源市场健康有序发展，离不开法制的保驾护航。2018年6月，国务院颁布《人力资源市场暂行条例》，对人力资源市场建设、人力资源服务机构培育、市场活动规范、监督管理及法律责任等方面做了系统规定。这是改革开放以来第一部系统规范我国人力资源市场活动的行政法规,为推动人力资源市场健康发展提供了法制保障。2019年1月,人社部出台《关于充分发挥市场作用促进人才顺畅有序流动的意见》,健全人才流动市场机制,畅通流动渠道,规范流动秩序,完善服务体系。为适应网络招聘蓬勃发展的形势,2020年12月,人社部发布《网络招聘服务管理规定》,规范网络招聘服务,促进服务业态健康有序发展。安徽、江西、湖北、广东、广西、重庆、陕西等地纷纷出台地方人力资源市场条例,共同推动人力资源市场管理和运行有法可依。

从"管进门"到"管全程",加大监管力度,依法规范人力资源市场秩序。随机抽取检查对象,随机匹配执法人员,检查结果录入行政执法平台公开,各地推广"双随机一公开"监管方式,加强事中事后监管,实行年度报告公示制度,持续开展市场秩序清理整顿专项行动。职责法定、信用约束、协同监管、社会共治,人力资源市场监管形成新格局。

"人力资源市场可获诚信积分了!"2021年,重庆运用积分对人力资源服务机构实施"红蓝黑"三色动态管理,旨在形成"扬正控负"的市场治理机制,规范市场化引才秩序。自2013年起,人社部开展人力资源服务机构诚信服务主题创建活动,已遴选确定两批共234家诚信示范机构,守信激励和失信惩戒的长效机制初步形成。

服务标准化规范化建设持续推进。高级人才寻访、现场招聘会等18项国家标准的出台,提升了人力资源服务行业标准化水平。各地积极探索建立地方标准,北京规范人力资源服务,对服务机

构等级进行划分和评定；上海对高级人才寻访服务质量和评价提出具体标准，规范人才测评服务。

扩大规模　建强产业
人力资源服务业高质量发展

1 001家人力资源服务机构参加，158个创新产品路演宣讲，150个人力资源服务项目达成合作意向，签约总金额166亿元……2021年7月28日至29日，第一届全国人力资源服务业发展大会在重庆举办。这是深入贯彻党中央、国务院关于发展人力资源服务业、建设人力资源协同发展产业体系决策部署的重要举措，有助于营造良好发展环境，推动新时代人力资源服务业高质量发展。

"着力加快建设实体经济、科技创新、现代金融、人力资源协同发展的产业体系""在中高端消费、创新引领、绿色低碳、共享经济、现代供应链、人力资本服务等领域培育新增长点、形成新动能"。党的十九大报告把人力资源服务业发展作为建设现代化经济体系的重要内容，为人力资源服务业发展指明了方向。

党的十八大以来，人力资源服务业加速迈向高质量发展阶段，政策体系不断完善。发展人力资源服务业列入"十二五"以来的历次五年规划和产业目录，人社部会同有关部门在2014年、2017年相继出台鼓励发展的政策文件。2021年11月，人社部等五部门印发推进新时代人力资源服务业高质量发展的意见。各地也纷纷出台政策，加大对人力资源服务业的支持力度。四川对新获批国家、省级产业园的,分别给予 300 万元、100 万元一次性补贴;上海实行财税支持政策,加大对人力资源服务"伯乐"奖励计划的资金支持力度;安徽将人力资源服务业高端人才列入全省急需紧缺人才目录……一项项政策措施,推进人力资源服务业发展进入快车道。

服务业态全面发展。随着社会需求的多元化,人力资源服务业已逐渐从提供招聘服务、人事代理、档案管理等传统、单一的产品,向提供人力资源服务外包、培训、高级人才寻访、人才测评等多层次、分类别、多样化的产品转变。截至 2021 年底,全国共有各类人力资源服务机构 5.91 万家,从业人员 103.15 万人,年营业收入 2.46 万亿元,全年为 3 亿人次劳动者提供了就业、择业和流动服务,为 5 099 万家次用人单位提供了人员招聘和管理服务。

产业园建设蓬勃发展。自 2010 年中国上海人力资源服务产业园挂牌运营以来,我国人力资源服务产业园在集聚产业、创新行业发展模式、培育新经济增长点等方面进行了有益探索,迈出了坚实步伐。到 2022 年,全国国家级人力资源服务产业园数量已达 24 家,入园企业超 4 120 家,年营业收入 4 063 亿元,出现了不少"亿元楼""百亿园",成为人力资源服务业创新发展的新高地。

加快专业性、行业性人才市场建设。2021 年,新建中国三亚旅游人才市场,打造全球高端旅游人才供应链基地;新建中国重庆数字经济人才市场,致力于为数字经济人才和企业提供"一站

式"人力资源服务解决方案。

推进人力资源服务国际化发展。2020年、2021年，人力资源服务业连续两年亮相中国国际服务贸易交易会，向世界集中展示了行业风采。2022年3月，人社部、商务部联合认定了首批人力资源服务领域特色服务出口基地，中国北京人力资源服务产业园朝阳园等12家人力资源服务贸易发展基础良好、具有较强竞争力和影响力的园区被认定为人力资源服务出口基地。

服务重大战略　助力疫情防控 与经济社会发展同频共振

"出家门步行200米就到上班地点了，活儿不重，工资待遇也不比外面差。"汤庆玲曾是安徽安庆市凤凰村的建档立卡贫困户，丈夫患有白血病，以往都和丈夫在北京边务工边治病，但疫情打乱了她的计划。一场就业扶贫招聘会给她带来了希望，通过参加招聘，汤庆玲获得了当地一家企业的扶贫车间工作，既能在家门口挣钱，又能照顾家庭，日子步上了正轨。

党的十八大以来，人社部门充分发挥人力资源市场在扶贫方面的作用，引导和鼓励各类人力资源服务机构通过劳务输出、精准对接、专场招聘、创业指导等行动，全方位助力脱贫攻坚。

广西大力实施对当时8个未摘帽贫困县的人力资源市场援助行动，通过政府购买人力资源服务等方式，开展"多对一"的对口定向人力资源服务。青海组织当地人力资源服务机构深入贫困地区，针对建档立卡贫困户中的就业困难人员、困难高校毕业生，

广西高校毕业生"留桂就业计划"暨 2022 届广西高校毕业生双选会举办,双选会以"筑梦广西,未来有你"为主题。图为招聘会现场。

(中国组织人事报社供图)

集中开展"人力资源服务机构精准对接行动"。各地积极开展人力资源服务机构助力脱贫攻坚行动,截至 2020 年底,全国举办扶贫专项招聘会 1.13 万余场,提供岗位 300 万个,帮助实现就业或达成就业意向 75.6 万人,为打赢脱贫攻坚战提供了有力支撑。

加强对西部和东北地区人力资源市场支持。2017 年以来,人社部持续实施援助计划,支持西部和东北地区 15 个省(区、市)及新疆生产建设兵团,特别是深度贫困地区人力资源市场建设。得益于援助计划,广西在浙江大学举办了人力资源市场管理人员培训班,有学员评价"先进的理念和经验让人耳目一新";在陕西人力资源服务机构就业扶贫活动中,与陕西劳务交流结对的南通市等省内外众多企业参加,提供近万个就业岗位。

为巩固脱贫攻坚成果,各地人力资源服务机构发挥职能优势,接续推进乡村振兴。云南开展人力资源服务行业助力乡村振兴人才精准支持行动,通过线上线下方式为乡村产业振兴提供精准的人才支持。四川人力资源服务机构和企业"云端"牵手,举办乡村振兴专场招聘会,为脱贫群众提供后续就业帮扶,引导各类实用人才向基层流动。

助力疫情防控和复工复产,保障人力资源服务需求。2020年,

为解决县内外企业用工需求,湖北竹山县启动"春风行动"招聘活动。图为招聘活动现场。

(中国组织人事报社供图)

人力资源服务机构发挥专业优势，为武汉抗击疫情组织招聘工地建设、卫生保洁、运输保障等各类人员1 850多名，参与抢建火神山、雷神山医院和方舱医院工作。2020年，19家国家级人力资源服务产业园联合开展"百日千万网络招聘专项行动——产业园专场活动"，精准对接企业复工复产用工需求，打造供需充分对接、信息便捷可靠的优质人力资源服务平台。疫情防控常态化以来，各地人力资源服务机构积极开展线上线下专场招聘，服务就业。"线上面试、免费测评，求职到入职'一条龙'服务""24小时就业超市不打烊，行业性、区域性特色专场广覆盖"……疫情防控下便捷的服务让广大求职者备感暖心。

围绕创新驱动发展战略、区域协调发展战略等国家重大发展战略和"一带一路"倡议，各地人力资源服务机构开展市场化引才，组织招引高端紧缺人才，在服务经济社会发展和人才强国战略实施中发挥了重要作用。"十三五"时期，全国人力资源服务行业服务用人单位1.9亿家次，推荐高端人才744万人次。

2021年，人社部推进雄安新区、粤港澳大湾区、海南自由贸易港、成渝地区双城经济圈等急需紧缺人才目录编制发布工作，发挥引领性作用，引导人才更好地向重点地区流动、聚集。

各地人力资源服务机构加强区域协作，为区域协调发展提供人才支持。长江三角洲共建统一开放的人力资源市场，加强人力资源协作，推动人才数据库共享，促进产业园协同发展。四川与重庆加强合作，协同推进人力资源服务业发展，共促成渝经济圈人才高效聚集。

更新理念　优化服务
提升人力资源公共服务水平

"云招聘"岗位多、求职人才多，怎样避免人才、企业"找花眼"？浙江湖州建立招聘岗位和求职人才"两张清单"，设置专业契合度、薪资满意度等条件，实现岗位人才双向智能推送。2022年一季度，已为全市各行业输送大学生2万余人。有企业人力资源部门负责人点赞："'千企万岗'云聘会既破解了疫情防控常态化下企业引才难题，又提高了引才实效。"

党的十八大以来，各级人社部门把提升人力资源公共服务水平作为重要任务，通过借助信息化手段、精简办事流程、推动基础设施下沉等，为求职就业和人力资源流动配置提供更优质的服务。

为促进高校毕业生就业，从2020年开始，人社部等部门每年联合开展"国聘行动"。2022年5月，"国聘行动"走进国家级人力资源服务产业园，24个国家级人力资源服务产业园通过举办网络招聘会、走进园区宣讲招聘等系列活动，以线上线下相结合方式促进用人单位与求职者精准对接，助力高校毕业生等重点群体就业。高校毕业生就业服务周、大中城市联合招聘高校毕业生专场……一系列有特色的招聘活动如火如荼开展，促进高校毕业生高质量稳定就业。

"互联网＋"创新服务方式。2016年，人社部发布"互联网＋人社"2020行动计划，大力推进各项人社业务的互联网化。各地

宁波市举办高校毕业生云端供需洽谈会，助力高校毕业生就业。图为引才主播和企业招聘负责人在直播间为求职者云端送岗。

（中国组织人事报社供图）

人力资源服务机构在网络平台纷纷开展线上招聘活动，直播带岗、云端见面、网络面试……截至2021年底，全国共有2万个招聘网站。人工智能、云计算、移动互联网等新技术与传统服务结合，推动求职招聘、就业指导等服务摆脱时空限制，节省了成本，大大提升了人岗匹配率、对接成功率。

行风建设提升群众获得感和满意度。结合人社系统行风建设，各地纷纷开展快办行动，整合人力资源公共服务办事大厅，实现多个关联事项打包办理、优化经办流程、减少证明材料，为群众提供便利的人力资源服务。湖南推进"互联网＋政务服务"，基本实现人才中介服务许可在线申报、审核与管理，积极推进各项人才流动公共服务网上办理。

提升流动人员人事档案管理服务水平。2014年，人社部将流动人员人事档案管理服务纳入政府基本公共服务范围，取消收取人事关系及档案保管费，简化优化办事流程，实行接收告知承诺制，加快信息化建设。"换一个地方工作，人事档案如何转接？""不用两地跑来回跑，档案业务跨省通办。"为更好地服务人力资源流动配置，人社部开发了全国跨地区流动人员人事档案管理服务平台，部分省份开通升级管理服务系统，对接部省平台系统，实现人事档案业务跨省通办，打通人才流动的"梗阻"。贵州依托大数据平台，档案接收和转递工作实现"全省联网、跨省通办"，办理时间由以前的平均2~3个工作日压缩到1个工作日以内。

砥砺奋进秉初心，玉汝于成续华章。人力资源服务业正谱写新时代新篇章，努力成为高质量发展的更强引擎、促进就业的更大动能、服务人才的更优载体，在流动中汇聚起服务发展的磅礴力量！

（刘娟）

让青春在基层沃野书写荣光

——党的十八大以来,"三支一扶"计划选派 30 余万名高校毕业生到基层服务

基层天地广阔,青春大有可为。

在贫困山村,在偏僻海岛,在深山老林……一批批"三支一扶"人员接续投身基层挥洒青春,他们为乡村学生铺就通往梦想的道路,为种植养殖户送去专业技术,为当地群众守护生命健康,为乡村振兴注入发展活力。

"促农村发展,让农民受益,让青春无悔。"党的十八大以来,"三支一扶"计划更加紧贴基层需求,持续释放政策红利,不断强化培养锻炼,有效提升服务保障,引导和鼓励了一批又一批高校毕业生扎根基层,成为服务地方经济发展、促进社会和谐稳定的一支重要生力军。

下得去
为祖国最需要的地方注入"新鲜血液"

"让青春在祖国和人民最需要的地方绽放绚丽之花。"这是习近平总书记对当代青年的殷切期盼。

"三支一扶"计划自 2006 年实施起，就广泛号召有志青年"到农村去，到基层去，到祖国最需要的地方去"，充分发挥高校毕业生有知识、懂技术、善创新的优势，到基层急需紧缺的岗位上建功立业。

党的十八大以来，脱贫攻坚战鼓擂擂，贫困地区迫切呼唤更多"新鲜血液"。"三支一扶"计划响应时代号召，积极优化招募结构，完善招募政策，招募计划持续向贫困地区倾斜、向扶贫岗位倾斜、向贫困生倾斜。新增招募名额主要用于贫困地区，对"三区三州"等深度贫困地区实行招募计划单列。持续加大扶贫岗位的开发力度，拓展贫困村整村推进、农村合作经济、农田水利等服务岗位。针对贫困地区招人难、留人难问题，适当放宽年龄、学历、专业等限制，部分省份将技工院校毕业生也纳入招募范围，最大限度地挖掘"三支一扶"人员的"蓄水池"。

宁夏聚焦西吉、海原等贫困山区优先选人，青海为贫困村特设"扶贫专员"岗位，新疆将招募名额更多投向南疆地区，党的十八大以来，每年选派人员中超过半数投身扶贫和支农工作战线，越来越多高校毕业生成为脱贫攻坚"一线尖兵"。进入打赢脱贫攻坚战决胜阶段，"三支一扶"计划共选派 4.9 万名毕业生直接参与扶贫，"这些年轻人带来新知识和新思路，帮了大忙！"

打造基层善治新格局，需要注入年轻力量，发挥专业能力解决难题。党的十八大以来，"三支一扶"计划还聚焦服务基层治理，在招募岗位中主动对接民生领域，努力满足基层公共服务体系建设和民生事业发展的需要。同时，注重加强党建引领，充分

近年来,贵州锦屏县加强"三支一扶"人员培养,通过包片包户、设岗定责等方式促使"三支一扶"人员更好地服务群众。图为"三支一扶"人员深入包片村户开展就业政策宣传。

(中国组织人事报社供图)

发挥"三支一扶"人员在基层党建中的作用,一批优秀党员成为所在服务单位党组织的"领头雁",让基层治理更有力量。2020年新冠肺炎疫情蔓延全国,人社部千方百计挖掘潜力,在中央财政支持下,增加"三支一扶"招募计划5 000名,各级人社部门指导地方因地制宜扩大招募规模,当年全国共招募高校毕业生近4万名,大大充实了基层抗疫的先锋队伍。

广州市增城区正果镇的王敏怡用脚步丈量村情民意,为岳村村民办好各类诉求,还为儿童升级改造阅读空间、组织妇女参与癌症免费筛查;甘肃定西市渭源县峡城乡的肖琴玉积极为群众排忧解难,先后为康家村群众解决社保、产业发展、外出务工等难题126件；疫情最严重时，武汉市蔡甸区的李艺璇为小区居民累计代购代送生活物资1 000多份，定期为14位独居老人提供上门服务……一个个青春背影，在加强基层治理的号角中冲锋在前，成了群众身边的"贴心人"。

全面推进乡村振兴需要投入更多资源和力量优先发展农村，基层对人才的需求更加强烈。党的十八大以来，"三支一扶"计划将新型农业经营主体纳入岗位拓展范围，部分省区结合实际，大力开发农村电子商务、生态保护等领域岗位。第四轮"三支一扶"计划启动后，乡村振兴协理、文化旅游、乡村规划等急需岗位亮相，

近年来，浙江杭州市富阳区选派优秀"三支一扶"工作人员组成志愿者服务队，助力乡村电商发展特色产业。图为驻里山镇"三支一扶"工作人员在为安顶村茶农销售当年的新茶。

（中国组织人事报社供图）

招募计划向乡村振兴重点帮扶县和脱贫地区重点倾斜,向脱贫户和零就业家庭毕业生重点倾斜。2021年实际招募的3.8万人中有27.7%的毕业生,投身乡村振兴事业,其中3 714名高校毕业生奔赴乡村振兴重点帮扶县。

北京昌平区阳坊镇史家桥村的村貌正在一天天地变好,背后有乡村振兴协理员郭子璇的一份付出。她在走街串巷时了解到,村里一条道路硬化项目不达标,路面坑坑洼洼,便立刻收集相关群众意见,向村两委、镇政府及建设施工方反映问题,很快就有工人到村修补。村民们看着新修好的路,都交口称赞:"多亏了子璇,才能这么快把问题解决。"

党的十八大以来,已有30余万名高校毕业生通过"三支一扶"计划投身基层,广泛参与脱贫攻坚、乡村振兴、农村教育、乡村医疗和社保等各类基层民生工作,一定程度上改善了基层人才队伍的年龄、学历和知识结构,缓解了基层人才匮乏的矛盾。他们像一涓涓细流,融入广袤大地,激活了一池春水。

干得好
在"大熔炉""练兵场"磨砺成才

基层是经受历练、成长成才的"大熔炉",也是干事创业、实现价值的大舞台。"三支一扶"计划为高校毕业生拓宽了就业渠道,敞开了实现梦想的大门,让他们奋斗在一线、学习在一线、成长在一线。

培训指导"打地基",帮助更快地进入角色。党的十八大以

来,"三支一扶"工作中越来越重视对支扶人员的教育培训。人社部会同有关部门,在全国实施"三支一扶"人员能力提升专项培训计划,贯穿全服务周期,建立"导师制""传帮带"培训模式,让支扶人员能迅速掌握工作要领。

结合服务领域、岗位特点,各地不断加强专业技术培训,北京、江苏等组织电子商务、乡村金融、农技推广等高级研修,广东、云南等开展临床观摩、跟班学习,安徽把培训班直接办到贫困县,带领"三支一扶"人员深入基层、拓宽视野,提升专业水平。

2018年,王瑞琦作为"三支一扶"人员,来到河南开封市鼓楼区劳动人事争议仲裁委员会。仅到岗1年,他就在"传帮带"

近年来,新疆柯坪县人社局以基层人才需求为导向,引导和鼓励"三支一扶"人员到基层干事创业,为推进乡村振兴、加快农业农村现代化提供人才和智力支持。图为"三支一扶"人员正在帮助群众铺设滴灌带,助农春耕。

(中国组织人事报社供图)

下飞快成长,参与接待来访群众300余人次,处理劳动争议案件111起,获得一致好评,"多亏师傅一步一个脚印地指导,让我能尽快独当一面。"

立足岗位"压担子",有助于更好地施展拳脚。推进社会治理现代化,新时代的"三支一扶"人员需要培养发挥专业知识解决基层治理难题的能力。党的十八大以来,各级人社部门指导基层单位实施岗位成长培养计划,选派支扶人员参与产业项目建设、征地拆迁、抗震救灾、疫情防控等重点工作,在急难险重任务中蹲苗、壮骨。

"我非常兴奋,终于能凭借自己的所学知识去大展身手!"2015年,史学东在山西大同市阳高县水务局防汛办工作期间,被安排担任一项农村饮水安全工程项目负责人。年纪轻轻担纲重任,让史学东充满干劲,他每天扎入项目一线跟进度、查问题、想方案,在180天内圆满完成项目验收,为7个自然村4 885位村民和1 171名师生解决了饮水安全问题。

一项针对"三支一扶"计划实施效果的调查显示,超过半数的人认为参加"三支一扶"后,"工作作风与工作态度""沟通协调能力""专业知识技能与职业素养"等都有较大提升。许多支扶人员都收获满满:"'三支一扶'锻炼了我,让我找到了为群众做事的快乐,找到了实现自身价值的成就感。"

激励出活力,关爱出动力。党的十八大以来,中央财政累计投入近100亿元,多次提高工作生活补贴标准,新设一次性安家费补助。各地普遍落实基本养老保险、基本医疗保险等,建立年

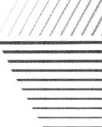

度考核奖励机制，提高绩效考核奖励额度，多层次完善支持政策。广泛搭建交流平台，持续开展慰问调研，落实有效、有序、有心、有情的日常管理服务，让广大"三支一扶"人员在基层干得用心、安心、舒心。

条件越艰苦越能锻炼人，责任越重大越是磨炼人。在基层舞台上，一批接一批的"三支一扶"人员砥砺前行，从"象牙塔"走向"练兵场"，一步步成长为基层需要、时代需要、人民需要的青年人才。

留得住
让基层沃野焕发新绿

从只能开开药、打打针，住院率几乎为0，转变成能够进行四肢骨折、剖宫产等一、二类手术和一些全麻手术，年门诊量超过十年前近30倍，云南省罗平县老厂乡卫生院改头换面的背后，离不开"三支一扶"带来的人才动能。

十多年来，老厂乡卫生院先后接收14名支医人员，目前服务期满后留下的和新招募的还有8名，都成了医院的骨干。拴心留人的"法宝"是良好的事业发展环境，卫生院打破传统用人机制，大胆起用表现出色的支医人员进入业务科室管理岗位，直接参与卫生院的事务管理和决策，同时创造深造机会，鼓励支医人员参加进修及职称资格考试，让年轻人发展有奔头。

人才下得来，更要留得住。党的十八大以来，各级人社部门积极打通期满扎根基层通道，各基层单位努力搭建发展平台，推动"三支一扶"人员期满后继续在基层干事创业。

如今,期满人员多渠道发展的"立交桥"四通八达。人社部门持续加大公务员定向考录和事业单位专项招聘力度,鼓励县(市、区)统筹基层编制优先吸纳期满人员,将在多岗位锻炼中表现突出的优秀人员纳入基层青年后备人才;发挥部门职能优势,通过组织专场招聘会,提供政策咨询、职业指导和岗位信息,将有创业意愿的纳入支持范围开展创业培训等。

越来越多的支扶人员在期满后,成为基层干部人才队伍的中坚力量,让基层沃野焕发新绿,人才之林枝繁叶茂。云南服务期满人员继续留任基层服务单位的比例由 2010 年的 50.5% 提高到 2021 年的 97%;广东韶关、汕尾、梅州、肇庆、云浮等地乡镇党委委员、医院科室主任、学校教学模范、农技站技术骨干都曾经是"三支一扶"人员;一些期满后留在基层创业的支扶人员,已经成为当地的致富带头人,发展新兴产业,带动贫困劳动力高质量就业。

边疆海岛的健康"守护神"王辉,守护绿水青山的"森林卫士"刘天娇,助力畜牧业高质量发展的"兽医师"赵剑,小老板工程的"就业扶贫人"郭慧慧……一个个闪亮的名字进入到高校毕业生的视野中,也让广大"三支一扶"人员备受鼓舞。

为了吸引更多高校毕业生选择基层、留在基层,人社部重点宣传典型人物,2019 年、2021 年连续推出两批"最美基层高校毕业生","最美"的事迹激荡起许多青年学子逐梦基层的热情。各级人社部门广泛开展形式多样的展示交流活动,传播服务基层、

青春报国的正能量,"基层大有作为"的就业择业观念在大学生中的认可度不断提高。

历经多年耕耘,"三支一扶"计划的报考比例逐年上升,报考人员学历水平明显提高,山西、江西、贵州等多个省份的平均报考比例超过 50 ∶ 1,招募支扶人员本科以上学历的占比由 2006 年的 40% 左右提高到 2021 年的 76.8%。

时代的责任赋予青年,时代的光荣属于青年。迈入全面建设社会主义现代化国家的新征程,第四轮"三支一扶"计划正在如火如荼地开展,每年将有数以万计的高校毕业生背上行囊、装上梦想、奔赴基层,用智慧和汗水浇灌一片片充满希望的土地。

(谢小杭)

汇聚才智充分涌流的磅礴力量

——党的十八大以来事业单位人事管理工作回眸

脱贫攻坚的战场上，数万名教师、医生、科技人员、社会工作者奋战脱贫一线，历经8年，近1亿农村贫困人口全部脱贫！

新冠肺炎疫情袭来，事业单位工作人员率先下沉抗疫一线，医务工作者逆行出征，创造了人类同疾病斗争史上又一个英勇壮举！

让人民有更好的教育、更稳定的工作、更可靠的社会保障、更高水平的医疗卫生服务、更舒适的居住条件……承载着这些重要使命，事业单位的改革进展备受瞩目。

党的十八大以来，以习近平同志为核心的党中央高度重视事业单位改革，健全政策体系、规范人事管理、搞活用人机制，各地各部门积极稳妥扎实推进，新形势下事业单位人事管理工作迈上了一个个新台阶，创新创造活力竞相迸发。

立"梁柱"
事业单位人事管理走向科学化、规范化

2022年新年伊始，全国80多万家事业单位迎来了一项"新

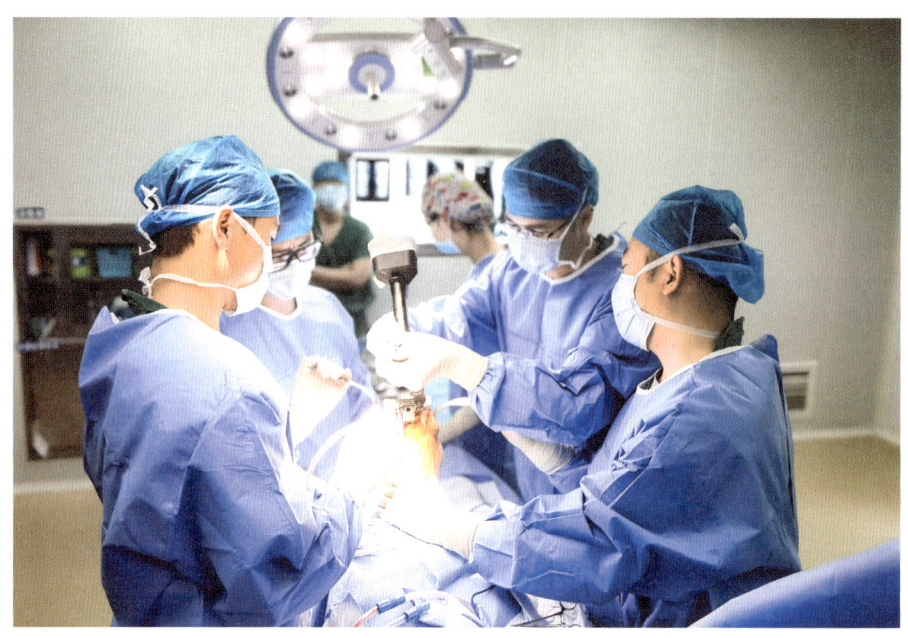

广大人才发挥专业特长,助力脱贫攻坚,把智慧和汗水洒向祖国最需要的地方。图为援藏医疗专家为患者实施手术。

(中国组织人事报社供图)

规",中共中央办公厅印发《事业单位领导人员管理规定》,这是对2015年印发的《事业单位领导人员管理暂行规定》的一次修订。

"新规"衔接新政策新制度,进一步改进方式、完善程序,亮点颇多。如提出让专业的人干专业的事,把热爱公益、履行公共服务作为必备素养;新增"交流、回避"一章,促进领导人员能上能下、能进能出,既体现事业为上、人事相宜,又充分调动事业单位领导人员干事创业积极性,激发队伍活力。

制度与时俱进是事业健康发展的保障。党的十八大以来,事业单位人事管理工作最大的亮点就是政策法规体系建设。中组部、人社部等部门认真贯彻党中央、国务院重大决策部署要求，总结改革经验，坚持问题导向，回应基层期盼，事业单位人事管理制度体系中基础性、主干性制度相继落地，扎实推进。事业单位人事管理适应新形势新任务，不断迈向科学化、规范化。

立梁架柱稳固根基。2014年，国务院颁布实施《事业单位人事管理条例》，这是我国第一部系统规范事业单位人事管理的行政法规。它的出台，标志着事业单位人事管理工作告别"无法可依"时代。近年来，《事业单位工作人员奖励规定》《事业单位人事管理回避规定》《事业单位工作人员培训规定》《事业单位公开招聘违纪违规行为处理规定》《事业单位工作人员申诉规定》《事业单位工作人员申诉案件办理规则》等配套制度相继出台，有效填补了事业单位人事管理的制度空白，从源头上规范了事业单位用人和履职行为。人社部会同国家文物局支持文博人才队伍建设，出台的相关政策渐次落地开花，为建设高素质专业化人才队伍提供了有力制度保障。

有总有分从严管理。2015年，中共中央办公厅印发《事业单位领导人员管理暂行规定》，这是党中央制定的第一个规范和加强事业单位领导人员管理的党内法规。它的出台标志着事业单位领导人员管理告别"参照"党政机关干部管理模式。2017年，中组部会同中宣部、教育部、科技部、国家卫健委制定出台宣传思想文化系统、高校、中小学、科研院所和公立医院5个行业事业单位领导人员管理办法，构建了事业单位领导人员管理有总有分的制度体系。

严管厚爱激发干事热情。坚持激励约束并重，落实全面从严治党要求。2014年至2015年，开展整治事业单位公开招聘突出问题专项行动，2017年出台《事业单位公开招聘违规违纪行为处理规定》，进一步规范了事业单位选人用人行为。2014年至2017年，开展两轮防治"吃空饷"专项治理工作。通过各地各部门各单位共同努力，在全国范围内，机关事业单位"吃空饷"问题频繁发生的不良态势已经得到根本性扭转，防治"吃空饷"问题长效机制已经初步建立。严格日常管理、严肃工作问责，党的十八大以来有约22.3万名事业单位工作人员因违规违纪受到处分。通过把严的标准、严的措施、严的纪律贯穿事业单位人事管理全过程、各方面，严肃人事纪律，切实把全面从严管理落到实处。2018年，人社部会同中组部印发《事业单位工作人员奖励规定》，指导各地各部门规范开展奖励工作。2020年、2021年先后开展疫情防控和脱贫攻坚的专项奖励工作，激发了广大奋战在一线的事业单位工作人员的主动性、积极性和创造性。

制度的生命力在于执行。一系列重磅文件搭建起事业单位人事管理的"四梁八柱"制度框架，各地各部门认真贯彻落实中央精神，结合地方实际探索事业单位人事管理的新路径、新方法，分类施策、精准操作，避免搞"一刀切""一锅煮"，畅通制度落地的"最后一公里"。

天津、内蒙古、江苏、安徽、福建等十几个省区市相继出台了地市以下事业单位领导人员管理办法；中国科学院全面修订出台领导人员选拔任用、领导班子和领导人员管理办法；中国社会

西北农林科技大学教授指导企业开展秦川牛科学养殖。

(中国组织人事报社供图)

科学院制定出台改进和完善选人用人制度的意见及实施细则……

政策多管齐下,打出治理"组合拳",不断提高事业单位选人用人工作质量。目前,全国 80 多万家事业单位、2 700 多万名工作人员,正成为提供公益服务、保障改善民生的基本力量,为社会主义现代化建设添砖加瓦。

严"进口"
公开招聘成凝聚优秀人才的"阳光工程"

2014—2015 年,一场整治事业单位公开招聘突出问题的专项行动在全国展开,因违规进人问题近 500 名应聘人员和 30 多名领导干部、工作人员被处理。

选人用人关乎国之根基，质量意识须臾不可松懈。作为一项"入口"制度，公开招聘是事业单位补充工作人员的主渠道，关乎广大应聘人员切身利益，事关公平正义。党的十八大以来，为规范公开招聘工作，人社部会同中组部着力建章立制，各地各部门积极推进落实，建立了公开、平等、竞争、择优的选拔机制，一大批高素质的优秀人才充实进来，成为事业单位的骨干和中坚。

针对"萝卜招聘""人情招聘"和违规进人等问题开展专项整治，2012年，中组部、人社部印发《关于开展事业单位公开招聘工作检查情况的通报》，形成强大威慑；2017年，人社部颁布《事业单位公开招聘违纪违规行为处理规定》，严肃公开招聘工作纪律，规范公开招聘行为。同时，回应舆论关切，印发《关于事业单位公开招聘岗位条件设置有关问题的通知》，维护社会公平正义，建立中央和国家机关所属事业单位公开招聘服务平台，发挥中央一级事业单位的示范引领作用。

致力于打造有温度、有力度的人事管理升级版，各地沿着中央划定的路线探索实践，开启"阳光考录"新篇章，事业单位公开招聘日臻完善。

精准识人，确保人岗相适。青海根据不同岗位特点，将岗位面试分为3类，通用型岗位统一面试，特点是招聘人员少、专业要求不高；专业人才自主面试，由用人单位按照"干什么、考什么"的原则，灵活采取实际操作、说课讲课、技能展示等形式进行专业化面试；高层次人才自主考核，由用人单位自行组织考核测评。分类实施有利于考核更加精准。

规范流程，维护公平正义。江苏印发《江苏省事业单位公开招聘人员工作风险防控指南》，梳理出事业单位公开招聘 42 个风险点 80 多种风险表现形式。如不得确定意向人选后，依人画像设置招聘条件；不得故意放宽或收紧报名范围，不按招聘条件开展资格审核等，从多个方面保障公开招聘的公平公正。

打破条框，引进高层次人才。山东发布 2022 年度博士后公开招聘简章，放宽年龄限制、给予专项资助、开通职称评审"直通车"，招聘人数同比增长超过 20%，创历史新高，为一批高校院所补充了新鲜血液。

公开招聘还是社会和谐稳定的"助推器"。近年来，为扩大高校毕业生就业渠道，应对新冠肺炎疫情对高校毕业生就业的影响，事业单位公开招聘制度创新政策举措，出台《关于应对新冠肺炎疫情影响做好事业单位公开招聘高校毕业生工作的通知》，并会同教育、卫健等部门推进中小学幼儿园、县级及基层医疗卫生机构公开招聘，及时发布招聘信息、加大招聘力度，切实把党中央、国务院对高校毕业生的关心关爱落实到位。

各地各部门面向高校毕业生等重点人群加大公开招聘力度，为事业单位人才队伍建设注入了新的活力。2021 年西安市高校毕业生超过 23 万人，在严峻复杂的就业形势下，西安市调动各方力量，统筹不同层级、不同类型事业单位，深挖岗位资源，把 70% 的空缺岗位用于招聘应届和离校两年未就业的高校毕业生，还专门面向脱贫家庭高校毕业生和优秀村、社区干部进行定向招聘。

经过多年的发展，公开招聘成为进人"主渠道"。2006年至今，我国已有8 000万人次参加事业单位公开招聘，实际聘用860多万人，公开招聘已经成为一项得民心的"阳光工程"。

畅通道
提升基层事业单位人员职业获得感

自2022年1月1日起全面推行的县以下事业单位管理岗位职员等级晋升制度，在各地迸发出"生命力"，着力解决基层事业单位管理人员职业发展空间小、晋升通道单一、待遇偏低等问题，提升了基层事业单位人员的职业获得感。

来自陕西省紫阳县的一份调查问卷显示，管理岗位职员等级晋升改革，打破了乡镇管理岗位"最高九级"的惯例，大幅度拓展了基层事业单位管理人员职业发展空间，发放的248份调查问卷，对此项工作满意度达到100%，回访在编在岗事业单位管理岗位职员50人次，满意度也达到了100%。

人民是否满意是检验政策的"试金石"。党的十八大以来，事业单位人事管理工作坚持眼睛向下、力量向下、措施向下，将基层事业单位队伍建设摆上重要日程，针对基层事业单位人员"招不进、留不住"问题，艰苦边远地区"人才流失"等问题，靶向施策，开出"对症良方"。

2016年，为助力打赢脱贫攻坚战，鼓励引导人才向艰苦边远地区和基层一线事业单位流动，中组部、人社部出台《关于进一步做好艰苦边远地区县乡事业单位公开招聘工作的通知》，明确艰苦边远地区基层事业单位公开招聘"三放宽一允许"倾斜政策，放宽招聘条件，改进招聘方式，广受基层好评。2019年，为畅通艰苦边远地区基层一线的专技人员职称晋升通道，"三区三州"等深度贫困地区职称"定向评价、定向使用"政策出台，明确对参评职称的贫困地区基层人才实行单独分组、评价、确定通过率，并单独设置定向使用的专业技术岗位，不占总的专业技术岗位结构比例，有效解决基层人才职数少、层级低、晋升难问题，让贫困地区人才更容易脱颖而出。

"双定向"政策实施的一年里，基层增加了1.8万名具有高

疫情防控期间，各地援鄂医疗队员白衣执甲、逆行出征，保卫人民健康。图为江西遂川县云岭新城医院援湖北武汉医疗队员凯旋，迎接队伍挥舞国旗向英雄致敬。

（中国组织人事报社供图）

级职称的专业技术人才，有效破解了贫困地区"有岗无人"、专业服务匮乏、水平低的窘境，为脱贫事业增添了有生力量。多地规定在贫困一线服务达到一定年限、取得突出业绩，可适当放宽申报学历、任职年限等限制。如四川规定在深度贫困地区工作累计满15年，申报定向评价职称可放宽学历要求；云南加大参评人员基层工作年限和扶贫工作成效的考核权重，引导广大专家人才把论文写到大地上。

干在基层，扎根基层，成长的通道也在基层畅通。大批基层专业技术人员直言比以前有了更多的干劲和动力，愿继续为脱贫攻坚、乡村振兴贡献力量。"评上高级职称后，更加坚定了我从事一线教学的想法，力争让更多贫困家庭子弟接受良好教育、改变命运。"云南迪庆州香格里拉三中骨干教师李云妹取得了定向高级职称资格，多年的心结也解了。

"通道"畅通不仅在职业发展，更在于打破唯名校、唯学历的用人导向，让职业院校毕业生享受平等竞争机会。2021年，人社部印发《关于职业院校毕业生参加事业单位公开招聘有关问题的通知》（以下简称《通知》），要求事业单位公开招聘破除唯名校、唯学历用人导向，打通职业院校（含技工院校）毕业生参加事业单位公开招聘的通道，充分保障了职业院校毕业生参加事业单位公开招聘的合法权益和平等竞争机会。

人人皆可成才、人人尽展其才！这份《通知》收获了不少点赞。在全国政协委员、广东技术师范大学副校长许玲看来，她在全国两会上多年的呼吁，终于有了结果。"《通知》给了职业教育一剂'强心剂',维护了公平正义,对广大职业技术院校毕业生来说是很大的鼓舞。"

鼓干劲
激发事业单位人员积极性创造性

一家本可过安稳日子的事业单位,却坚持驶入改革"深水区",浙江省特种设备科学研究院(简称浙江特科院)的一场人事制度综合改革引起热议。

该院实施全员岗位管理,中层干部以公开竞聘和目标制竞聘方式选拔,破除任命制,对连续2年考核倒数后3位的中层正职给予免职或降职处理。同时,设立入职博士3年"放养期",给予一年20万元的保底收入,鼓励博士潜心科研。该院聘用制人员、高级工程师林正说,这些安排让大家有了压力,自觉"奔跑"起来。

长期以来,"人员能进不能出,岗位能上不能下,分配吃大锅饭"是一些事业单位的痼疾,也是影响各类人才积极性、主动性、创造性发挥的主要原因。

既要管好又要搞活。党的十八大以来,从中央到地方,落实和保障事业单位自主权,鼓励事业单位科研人员创新创业的政策如雨后春笋。

2016年,中共中央办公厅、国务院办公厅印发《关于实行以增加知识价值为导向分配政策的若干意见》,在公立医院薪酬制度改革试点中,收入以增加知识价值为导向进行分配,避免再吃"大锅饭"。2017年至2019年,为支持科研人员创新创业,人

社部先后出台《关于支持和鼓励事业单位专业技术人员创新创业的指导意见》《关于进一步支持和鼓励事业单位科研人员创新创业的指导意见》，明确高校、科研院所等事业单位符合条件的科研人员可以采取挂职、参与项目合作、兼职在职创办企业、离岗创办企业等方式到企业工作，并在人事管理、职称评聘、工资福利、社会保险等方面配套了倾斜性政策，解决科研人员创新创业的"后顾之忧"。

一石激起千层浪。各地各部门纷纷出台多劳多得、优绩优酬的导向政策，激发事业单位科研人员创新创造活力。

北京推出"京科九条""京校十条"，四川制定鼓励创新创业"十六条政策"，浙江在全国率先实施高校职称制度改革，广东向试点高校下放5项人事管理权限；中国农业科学院实行两级绩效工资分配管理模式，加大向优秀人才和关键岗位倾斜力度；中国气象局国家气候中心对做出突出贡献的团队和个人加大奖励性绩效分配……

环境好，则人才聚、事业兴。

行进在新的征程上，事业单位人事管理工作开新局、谋新篇，释放出强劲动能，广大事业单位工作人员以奋发有为的状态、敢闯敢试的斗志、开拓进取的精神，为人民群众提供更加优质高效的公共服务，让改革成果真正惠及全体人民。

（高阳）

人社战贫捂热民生温度

——全国人社部门决战决胜脱贫攻坚记

战胜贫困、实现小康,是中华民族的千年夙愿,是中国共产党人的使命担当。党的十八大以来,以习近平同志为核心的党中央驰而不息、响鼓重锤推进脱贫攻坚,动员全党全国全社会力量向贫困发起总攻,书写了"敢教日月换新天"的减贫史诗。

以国家之任为任,以百姓之心为心。全国人社部门深入学习贯彻习近平总书记关于扶贫工作的重要指示批示精神,扛起脱贫攻坚政治担当,坚持精准施策,紧锣密鼓推进、尽锐出战攻坚,以前所未有的力度、速度和高度,打响了人社扶贫攻坚战。

领导抓、部门帮、干部扶,进农家、晓农事、暖农心,就业扶贫增收入、技能扶贫提素质、社保扶贫保生活、人才人事扶贫促发展、定点扶贫有特色,贫困户的命运被改写,奔向脱贫致富的小康之路,幸福的欢笑荡漾田野乡间……

(一)

"思想走在行动之前,就像闪电走在雷鸣之前一样。"伟大的思想领航伟大的实践。脱贫攻坚的每一步跨越,都闪耀着思想引领之光,展现出理论创新之力。

党的十八大以来,习近平总书记就扶贫开发提出一系列新思想新观点,作出一系列新决策新部署,创造性提出精准扶贫、精准脱贫的基本方略,为打赢脱贫攻坚战提供了根本遵循和行动指南。从区域扶贫开发到精准扶贫,标志着我们党对减贫事业规律性认识的不断深化。

理论创新每前进一步,理论武装就跟进一步。人社部门深入学习贯彻习近平总书记重要指示批示精神,认真落实党中央重大战略部署,对标对表脱贫攻坚要求,提升政治站位,强化责任担当,以思想力量引领扶贫实践,以决胜姿态展现人社担当,在脱贫一线砥砺初心使命,用脱贫成效捂热民生温度。

思想认识在对标对表中深化:增加就业是最有效最直接的脱贫方式,长期稳定就业就能彻底改变家庭贫困面貌;掌握一技之长,提升劳动能力,脱贫攻坚的成效最持久;社会保障对于劳动能力弱的贫困人员,具有保障基本生活的兜底作用;贫困地区发展离不开人才支撑。

使命责任在对标对表中强化:抓脱贫攻坚是共产党人的天责,打赢脱贫攻坚战既是重大政治任务,也是人社部门的职责所在,人社部门有责任、有空间,也要有作为!

行动落实在对标对表中提升:建立人社领域扶贫的组织框架、政策体系,落实领导责任制,"一把手"肩负起主体责任,抓组织领导、抓督促落实;成立扶贫工作领导小组,抽调骨干组成工作专班；部党组同志多次开会、调研、指导，及时研究解决扶贫问题；领导小组定期调度、挂图作战，每年考核通报扶贫成效，推动各单位落实责任、落实任务。各级人社部门扛起扶贫责任，干部资源向扶贫一线集结，尽锐出战、全力以赴，凝聚起人社扶贫的澎湃力量。

这是全力以赴的决战姿态。出台人社扶贫三年行动计划，承担起中央确定的就业扶贫、技能扶贫、社保扶贫3项牵头任务、11项参与任务。就业扶贫挖岗位、拓渠道，千方百计帮助贫困群众找饭碗、造饭碗；技能扶贫授人以渔，精准施"技"打开贫困之锁；社保扶贫织密民生保障安全网，实现贫困人口应保尽保；人才人事扶贫汇聚脱贫智慧，鼓励人才向贫困地区流动，组织专家开展项目对接、技术指导。扶在点子上，帮到根子上，以精准之策拔掉贫穷之根，用帮扶之手开启幸福生活。

这是人民至上的民生答卷。扶贫车间吸纳贫困劳动力就业43.7万人，开发公益性岗位托底安置贫困劳动力496.3万人，帮扶358万易地扶贫搬迁贫困劳动力实现就业。实施职业技能提升行动，把贫困劳动力列为重点培训对象，培训465万人次。全国5 949万建档立卡贫困人口参加基本养老保险，参保率超过99.99%；2 982万60岁以上贫困老人享受城乡居民养老保险待遇。职称"定向评价、定向使用"，让1.97万余名深度贫困地区专业技术人才取得高级职称。

看似寻常最奇崛，成如容易却艰辛。每一串闪光的数字背后，都意味着千万贫困家庭生活的改善、千万张幸福笑脸的绽放，凝结着多少人社扶贫干部的心血和汗水，他们顶风雪、冒酷暑、踏泥泞，翻山越岭、跋山涉水，用双脚丈量山野村寨，用温暖书写出爱心的诗篇，用奉献烙印下感人的故事，映衬出"人社工作为人民"的鲜明底色。

（二）

甘肃定西岷县的年爱霞从医学院毕业后，最大的梦想是能到医院上班，然而100∶1的考录比例，让梦想变得遥不可及。2017年福州与定西开展东西部扶贫协作，年爱霞跨越千里异乡圆梦，成为福州乡镇卫生院的一名医生。每月5 000余元的工资收入，让这个过去年收入不足万元的家庭，彻底摆脱了贫困。

一人就业，全家脱贫。增加就业是最有效最直接的脱贫方式，长期坚持还可以有效解决贫困代际传递问题。人社部门把就业扶贫作为重大政治任务，构建起上下协同、部门联动的就业扶贫工作体系，拓宽就业渠道、完善就业政策、优化就业服务、加强技能培训，让贫困群众牢牢端稳"饭碗"，就业增收鼓起"钱袋子"。

不辞山海千里远，万水千山总关情。人社部门连年开展"春风行动""就业援助月"等专项服务活动，将贫困劳动力作为重点对象，组织专场招聘或设立招聘专区，精准帮扶贫困劳动力就业；深化东西部扶贫协作，大力开展有组织劳务输出，推动输出地与输入地精准对接，贫困劳动力与岗位信息精准对接，实现有意愿外出务工的贫困劳动力应出尽出；培育推广吕梁护工、天镇保姆、化隆牛肉拉面师等一批贫困县劳务品牌，带动更多贫困劳动力就业增收。从边远深山到滨海城市，从"家门"送到"厂门"，一场场"跨越山海的相会"，一幕幕精准对接、组织有序的千里送岗，确保贫困劳动力有活干、有钱赚。劳务输出成为贫困地区最直接、最有效、最彻底的脱贫途径，被贫困群众称为脱贫的"铁杆庄稼"。全国90%以上建档立卡贫困人口得到产业扶贫和就业扶贫支持，三分之二以上主要靠外出务工和产业脱贫。

千方百计拓展渠道，就业岗位送到家门口。各地人社部门创新思路，就地就近设立扶贫车间、就业驿站、社区工厂、卫星工

贵州遵义市将辣椒作为农业发展的主导产业，成立"助农惠农"扶贫车间，吸纳贫困劳动力家门口就业，助其增收致富。图为该市新蒲新区三堡村村民以辣椒为"纸"，书写"奔小康"表达丰收喜悦。

（中国组织人事报社供图）

厂等就业创业载体，支持扶贫龙头企业和合作社吸纳贫困劳动力，创造更多家门口的就业岗位。加强易地扶贫搬迁就业帮扶，多渠道开发岗位、属地化就业服务管理、万人安置点专项帮扶，帮助搬迁贫困户实现就业，确保搬得出、稳得住、有就业、逐步能致富。针对无法离乡、无业可扶、无力脱贫的困难群体，综合开发保洁保绿、治安协管、孤寡老人和留守儿童看护等公益性岗位，补齐就业脱贫最后的"短板"，把就业最困难的群体稳稳托住。"小车间大扶贫，不出村有钱赚；打工顾家两不误，生活更加有盼头。"街头村尾的扶贫车间，成为贫困群众心中的"梦工厂"。

硬核政策促进创业、带动就业。实施返乡创业带头人培养计划、创业服务能力提升计划，出台创业培训补贴、创业担保贷款、税费减免、创业补贴等扶持政策，支持贫困劳动力自主创业，带动更多贫困劳动力实现就业脱贫；建立返乡创业孵化园，引导扶持贫困人员成为创业致富带头人。全国培育贫困村创业致富带头人 41 万多人，创办领办各类经营主体 21.4 万个，带动 406 万贫困人口增收，促进了贫困劳动力家门口就业，筑牢了乡村振兴的产业根基。

突如其来的新冠肺炎疫情，是道"加试题"和"必答题"。人社部门坚持战疫战贫双线作战，两张试卷同步作答，稳就业保就业举措应出尽出，稳岗位拓岗位办法能用尽用，使出"十八般武艺"帮助贫困人员尽早返岗就业，防止因疫返贫致贫。一趟趟特殊包机，一列列返岗复工专列，一辆辆点对点大巴，承载着脱贫希望驶向远方，为中国经济增添融融暖色调。截至 2020 年 10

月底，全国外出务工贫困劳动力 2 973 万人，是 2019 年外出务工总数的 108.9%。

（三）

"走了那么远，我们去寻找一盏灯。"从西南边陲到钱塘江畔，从农家孩子到世赛冠军，"雨露计划"照亮了蒋应成的技能成才梦，技能给了他自由翱翔的翅膀，走出了云南施甸贫困山区。世界青年技能日主会场，来自大凉山区的世赛金牌选手赵脯菠动情讲述自身经历："我能成为技能扶贫的受益者，你们也一定能打开脱贫致富的大门。"

素质是立身之基，技能是立业之本。技能扶贫是实现真脱贫、脱真贫的重要抓手。人社部门实施精准技能扶贫，推进贫困劳动力技能培训和贫困家庭子女技工教育，用技能点亮脱贫致富之路。

应培尽培、能培尽培，技能扶贫政策加码升级。2017 年，就业补助资金管理办法首次提出各地人社、财政部门可通过项目制方式，为贫困劳动力等免费提供就业技能培训或创业培训。2018 年开展深度贫困地区技能扶贫行动，建档立卡贫困家庭、农村低保家庭、困难职工家庭和残疾人，被列为推行终身职业技能培训制度的对象。2019 年推出职业技能提升行动，将贫困劳动力作为重点培训对象。

送技下乡、以赛促学，让贫困劳动力掌握脱贫之技。集中培训、弹性培训、上门培训多点开花，进乡镇、进社区、进家庭，"点对点""一对一"精准培训。鼓励贫困地区企业招用贫困劳动力、

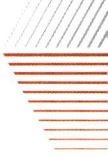

新疆拜城县发挥民间技能人才的传帮带作用，帮助辖区待业妇女掌握致富技能、找到致富门路。该县布隆乡欧吐拉布隆村阿依拉兰手工艺品农民专业合作社缝纫老师（中）在指导学徒裁剪服饰。

（中国组织人事报社供图）

开展培训，推进企业新型学徒制培训。加强贫困劳动力等重点群体线上培训，开展"百日免费线上技能培训"，全国线上培训实名注册学员超1 300万人，开展线上培训超1 200万人次，有力促进复工复产和稳就业。免费开放"技工教育网"，帮助贫困地区技工院校提高培训能力，帮助贫困家庭子女提高技能水平。发挥技能大赛导向作用，开展"三区三州"职业技能大赛、全国扶贫职业技能大赛，引导贫困地区群众学习技能、掌握技能，实现以技能促就业、助脱贫。

"千校"汇"千力"，技工教育斩穷根。深入开展技能脱贫千校行动，为贫困家庭学生提供免费技工教育，为贫困劳动力提供免费技能培训，帮助更多贫困家庭子女、"两后生"走进校门学习技能。全国 44 所技工院校对口帮扶"三区三州"，新建技工院校或开设分校 10 所，实现"三区三州"技工教育全覆盖和对口帮扶全覆盖。2016 年以来，全国技工院校累计招收建档立卡贫困家庭子女 34 万人。倾心技能的年轻人越来越多，他们追逐着"知识改变命运，技能成就未来"的梦想，浸润着执着专注、精益求精、一丝不苟、追求卓越的工匠精神，不断成长为新时代产业工人和高技能人才。

（四）

"我愿意将青春奉献给扶贫事业。"藏族小伙向巴通过公开招聘进入四川甘孜州巴塘县中咱镇综合服务站工作，主动请缨到深度贫困乡镇参与扶贫工作。"评上高级职称，更加坚定了我从事一线教学的想法。"云南迪庆州教师李云妹通过"双定向"政策，评上了高级职称，有了更大的干劲和动力。

扶贫先扶志，扶贫必扶智。打好脱贫攻坚战，关键在人，在人的观念、能力、干劲。贫困地区发展离不开人才支撑，最缺的也是人才。贫困地区普遍面临"招人难、留人难、用人难"，人才缺乏导致经济难发展，经济越落后人才越匮乏。人社部门深入开展人才人事专项扶贫，聚焦贫困地区人才选拔、培养、使用、流动和激励，精准制定倾斜激励政策，纾解贫困地区人才之渴，打破"恶性循环""路径锁定"，厚植稳定脱贫和长远发展的内生动力。

瞄准脱贫攻坚急需、地区发展急需，推行"三放宽一允许"政策，引导人才向贫困地区流动。改进优化事业单位公开招聘、引才政策，适当放宽年龄、学历、专业等招聘条件，允许贫困地区拿出一定数量岗位，专项招聘建档立卡贫困家庭大学毕业生。2017年至2019年，艰苦边远地区县乡事业单位招聘74万多人，占公开招聘总人数的60%以上。放宽贫困地区"三支一扶"人员招募条件，提高待遇保障水平。开展"三区三州"事业单位脱贫攻坚专项奖励，3万多个个人和集体获得专项奖励。提高贫困地区事业单位工资收入水平，落实事业单位基本工资标准正常调整机制，调整艰苦边远地区津贴标准，落实高校毕业生到基层工作高定薪级工资、事业单位工作人员乡镇工作补贴政策。实施深度贫困地区引才留才特殊薪酬激励机制，激励各类人才安心扎根基层。政策红利密集释放，人才源源不断流向艰苦边远地区。

针对贫困地区人才职数少、层级低、晋升难等问题，量身定制职称评审倾斜政策，开展职称评审"定向评价、定向使用"工作，对"三区三州"等深度贫困地区基层专业技术人才职称实行单独评审、单列标准、单独确定通过率，评审结果定向在基层使用。推行职业资格考试向贫困地区定向降分政策，护士、社会工作者、执业药师等基层急需的职业资格，"三区三州"单独划定考试合格标准。截至2020年6月，通过单独划线共有11 588人成绩合格，比单独划线前增加7 097人，缓解了专业技术人才总量不足、专业性不强等问题，缓解贫困地区有岗无人、专业服务匮乏的窘境。

发挥密切联系专家优势，深入推进专家服务基层工作。组织专家学者深入贫困地区，走进田间地头、生产一线，站上讲台手术台，通过实地交流、技术指导、决策咨询、联合攻关、专题培训等，带动信息、技术、成果、项目、资金等要素流向贫困地区，支援贫困地区培养专业技术人才，转化技术成果，解决实际困难，把论文写在大地上，把成果留在百姓家，为贫困地区造血赋能。优先在贫困地区遴选建设国家级专家服务基地，支持贫困地区新设博士后科研流动站、工作站，帮助贫困地区培养急需紧缺人才，留下一支不走的专家队伍。

（五）

这是一场宏大而艰辛的"寻人记"：十几万社保干部钻山沟、攀悬崖、涉险滩，深入千家万户，道尽千言万语，想尽千方百计，一村一寨"过筛子"，村不漏户、户不漏人，他们踏遍千山万水，只是为了力求千真万确，让每一名老弱病残贫困人员，都能享受到社保政策的阳光雨露。

不让一家受寒，方为天下之暖。社保扶贫是脱贫攻坚的底线工程，是实现"小康路上一个都不能少"的根本保障。要把社会保障兜底扶贫作为基本防线，加大重点人群救助力度，用社会保障兜住失去劳动能力人口的基本生活；聚焦特殊贫困人口精准发力，加快织密筑牢民生保障安全网，把没有劳动能力的老弱病残等特殊贫困人口的基本生活兜起来。

利民之事，丝发必兴。人社部门把社保扶贫作为保障贫困人员基本生活的重要途径，做细做实贫困人口参保工作。开展建档立卡贫困人口基本养老保险应保尽保专项工作，落实为贫困人员代缴城乡居民养老保险费，把符合条件的贫困老人纳入城乡居民养老保险政策。

拖家带口不断迁移很难找到，人户分离找不到人，在外打工联系不上……随着应保尽保政策深入推行落实，"找不到人"的难题浮出水面。人人享有社会保障，是来自党中央的温暖，是社保人心中不变的信念。"哪怕还有一名贫困人员没有参保，我们也不会放弃。"打通社保扶贫信息共享机制，开展跨地区跨部门信息比对，精准定位未参保人员，让"人找政策"变为"政策找人"；开发人社扶贫信息平台，推进精细化管理，历史上首次绘制出全国贫困人员参保的"全景地图"；打响"三六九"歼灭战，开展全国范围的"找人"行动。

"没有比人更高的山，没有比脚更长的路。"十几万社保干部职工翻山越岭，一路风雨兼程，挥洒着汗水，把党的真情与厚爱送到千家万户，送到每一个山村、每一名贫困群众。聋哑老人祁不德从社保人员手中接过参保卡，虽然无法说出内心的感激，他脸上露着的笑、眼里含着的泪，却表达了千言万语。从大凉山峡谷深处的"悬崖村"，到西藏高原偏远的村落，从常年打工的年轻人，到耳聋失聪的老年人，社保扶贫的雨露甘霖，饱含着党的深情厚意，为贫困人员撑起了万里晴空。

世界银行官员感叹，"中国的有效社保成为扶贫基石"。

（六）

"家里实在是太穷了，卖豆腐的都不敢赊我一块儿，怕我打不了欠账。"丈夫患病干不了重活，全家年收入只有 2 000 多元，大儿子 28 岁没成家，二儿子到外地做了"上门女婿"。2012 年底，在人社部扶贫挂职干部的动员组织下，48 岁从未出过远门的杨素芳，和其他 19 名天镇妇女，踏上了开往北京的列车，成为第一批闯荡京城的天镇保姆。

而今，杨素芳已是天镇县的名人，成了"天镇保姆"的形象代言人。挣钱给儿子娶上了媳妇，抱上了孙子，治好了丈夫的病，翻盖了新房子，添置了冰箱大彩电，买上了小汽车，还带动全村 20 多名妇女走出山沟，来到北京从事家政服务，走上脱贫之路。杨素芳变得更漂亮、更自信了，还光荣地加入了中国共产党。

从农村妇女到金牌保姆，从贫穷落后到开放自信，对于很多像杨素芳这样从未出过山村的贫困群众来说，人社扶贫带来的不仅仅是腰包鼓了、生活好了，更为重要而深远的意义是，实现全面自由发展的人力资本和能力获得大幅提升。

定点扶贫是中国特色扶贫开发事业的重要组成部分，也是我国政治优势和制度优势的重要体现。人社部高度重视定点扶贫工作，从 1994 年开始先后向山西、安徽的 3 个国家扶贫开发工作重点县派出扶贫挂职干部，有力促进当地经济发展。党的十八大以来，人社部与天镇县、金寨县建立直接联系机制，发挥职能优势结对帮扶，用好用活促进就业、技能培训、社会保障等政策措施，根据当地实际量身定制帮扶方案，探索出具有鲜明人社特色的扶贫模式。

"保姆也要有品质、有品牌。"人社部贯彻落实习近平总书记指示要求，投入1 000万元建设天镇人社扶贫技能培训基地，指导定点培训机构与家政企业深度合作，邀请专家现场指导，推进"天镇保姆"提质升级，打造"天镇保姆"品牌。而今，"天镇保姆"的身影遍布京津江浙等地，有的优秀保姆还走出国门进入美国、日本市场，每年带动当地2万余人就业，创收4个多亿，带动1万多贫困户稳定脱贫，成为天镇脱贫攻坚的"金字招牌"。

在"天镇保姆"培训基地，培训老师正在示范教学。

（中国组织人事报社供图）

"职教一人，就业一人，脱贫一户"。针对金寨人口多、劳务输出多的实际，人社部倾力帮扶金寨技师学院，通过落实高技能人才振兴计划建设项目、世界技能大赛集训基地建设项目，协调社会资源捐赠实训设备，选派优秀师资到院支教，加强职业培训工作指导等方式帮助学院发展，出资50万元设立助学金，资助在学院就读的山区、库区贫困生。学院办学质量大幅提高，学生就业率稳步上升，毕业生对口就业率超过95%。

部属单位与43个贫困村结对帮扶，进村入户嘘寒问暖，面对面寻根问策，脚沾泥土的走访调研，孕育出一个个实实在在的帮扶方案。有的干部出差路上吃了碗奥灶面，看到面上放着鸭腿，就想到帮扶村的养鹅产业，促成了把鸭腿换成鹅腿的"大买卖"，一碗奥灶面吃出一个帮扶金点子。有的贫困村支书考察学习先进农业后，心头重新燃起了壮大产业的熊熊烈火……

扑下身子、倾情投入，群策群力、不遗余力，帮到点子上、扶到关键处、驻到心里面。而今，天镇县、金寨县如期脱贫摘帽，正向着乡村振兴的美好蓝图迈进。

蕴藏在贫困群众中的无穷力量，不断被唤醒激活。山还是那座山，新添百果飘香绕青山；人还是那些人，却是昂扬斗志焕新颜。贫困的帽子甩掉了，发展的势头强劲了，乡村振兴的精气神提起来了……

脱贫攻坚是动力之源，也是希望之火。

脱贫只是第一步，更好的日子还在后头！

（刘祖华 李肖璨）

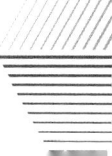

为乡村振兴注入人社力量

——党的十八大以来人社工作助推乡村振兴综述

从"小康不小康,关键看老乡"到"民族要复兴,乡村必振兴",党的十八大以来,习近平总书记一直对"三农"工作念兹在兹、牵挂于心。党的十九大作出了实施乡村振兴战略的重大决策部署。

号角声声起,战鼓催人进。作为重要的民生部门,人社部成立推进乡村振兴工作领导小组,确立了巩固拓展人社脱贫攻坚成果、全面推进乡村振兴"'一个不变、两个强化',统筹推进各项工作"的总体思路,以推进国家乡村振兴重点帮扶县人社帮扶工作为重点,扎实有力开展各项帮扶工作。各地人社部门精准发力、定向施策,强化就业帮扶、强化技能帮扶、落实社保帮扶政策、加大人才人事帮扶力度、加强定点帮扶……一项项举措的落地落实,为乡村振兴注入了强大的人社力量。

强化就业帮扶
提升自我造血能力

走进河南尉氏县西范庄村"巧媳妇"就业基地,100多名妇女在缝纫机前缝制衣服。"在这干活,时间比较灵活,还能照顾老人、小孩。"董方方一边赶制要出口的衣服,一边开心地说。

"巧媳妇"就业基地的建立,是人社部门强化就业帮扶,稳定脱贫人口务工规模的生动缩影。

就业是民生之本。人社部始终将强化就业帮扶作为乡村振兴的重要抓手,不断优化政策措施。

2021年5月4日,人社部、发展改革委等五部门联合印发文件,提出保留延续原有就业扶贫政策,健全农村低收入人口就业帮扶长效机制。

2022年3月24日,人社部、发展改革委等五部门提出要深化劳务协作、促进就地就近就业、组织开展"雨露计划+"就业促进专项行动,进一步加大对脱贫人口就业的政策扶持力度。

一项项政策的出台,为强化就业帮扶、稳定脱贫人口务工规模提供了坚实的制度保障。各地人社部门结合实际,务实功、出实招,有力有序推动就业帮扶政策落地生根——

推动就地就近就业。陕西调整就业帮扶基地吸纳补贴额度,推进社区工厂、就业帮扶基地数量和吸纳规模双提升,全省社区工厂、就业帮扶基地共吸纳农村劳动力就业19.7万人。广西利用乡镇(村)闲置土地、房屋建设工厂式、居家式、种养式、贸易流通式、乡村旅游式5种类型就业帮扶车间,让乡村变厂区,农民变工人。

深化东西部劳务协作。山东和重庆不断拓展劳务协作领域,实施鲁渝"春风送岗"招聘对接计划、"点对点"有组织输出计划、

劳务品牌培育计划、创业引领计划、农村劳动力技能提升计划等五大项目，保障务工人员既能"走出去"，也能"留下来"。浙江杭州市和四川广元市联合打造东西部协作数字化服务平台——"杭广共富云"。平台已集聚两地招聘企业739家、在招岗位2 655个、创业服务机构79家。

鼓励返乡创业。湖北加强返乡创业载体建设，充分利用现有园区等资源在脱贫地区建设一批返乡创业园、创业孵化基地，可根据入驻实体数量、孵化效果和带动就业成效给予创业孵化基地奖补。江西加大创业贷款扶持范围，在重点扶持返乡创业农民工、大学生、退役士兵创业的基础上，将农村自主创业农民纳入扶持范围，实现了对农村户籍创业者的扶持对象全覆盖。

促进易地搬迁劳动力稳定就业。四川人社厅抽调业务骨干，组成易地扶贫搬迁集中安置点就业增收工作凉山州专班，分小组下沉到凉山州易地扶贫搬迁集中安置任务较重的布拖、昭觉等10个县，全力做好集中安置点就业增收工作。云南怒江州选派500人的就业小分队到17个易地搬迁安置区，为搬迁群众对接企业用工信息。

深化劳务品牌建设。山西以"一县一品"为切入点，培育发展地方特色劳务品牌94个，主要涵盖家政服务、护理护工、烹饪烹调、交通运输等行业。湖南依托地方特色产业、重点行业，以龙头企业、职业培训机构、行业协会、人力资源服务机构等为载体，将分批培育建设50个左右的特色劳务品牌。

强化技能帮扶
一技在手吃穿不愁

授人以鱼,不如授人以渔。职业技能提升是巩固拓展脱贫攻坚成果的重要举措,也是接续推进乡村振兴的基础性工作。2021年6月28日,人社部、国家乡村振兴局联合印发文件,要求加大东西部职业技能开发对口协作力度,大力发展技工教育、实施职业技能提升行动、举办和参加技能大赛等,为全面推进乡村振兴提供技能人才支撑。

近年来,贵州施秉县大力实施"技能人才"培育工程计划,通过建立"传帮带"机制,帮助当地绣娘就近就业增收,推动乡村振兴。图为苗绣传承人(右)正在向年轻绣娘传授刺绣技巧。

(中国组织人事报社供图)

各地人社部门结合实际,不断强化技能帮扶——

持续推动技能提升行动。云南结合省情特点,区分培训层次,细化培训对象,创新提出具有云南特色的"乡村振兴技能人才""康养云师傅""云品工匠"等培养计划。广东江门市重点围绕农业优势特色产业人才需求,优先选择新型农业经营主体骨干成员等作为培训对象,通过集中授课、网络教学等方式开展教育培训,推进农民职业化。

深化技能协作,加快推进东"技"西输。贵州加强与广东优质培训资源合作,继续举办粤黔合作"广港班""广汽班""雪松班""广建班"等订单班。四川积极选派一批骨干教师援藏,遴选川内2所技师学院代培西藏技师学院12个专业374名学生,推进西藏技师学院建设。

组织技能大赛,为技能人才搭建成长舞台。2021年9月26日至28日,人社部组织举办首届全国乡村振兴职业技能大赛,600多名能工巧匠同台比拼,掀起了技能竞赛、技能成才的热潮。江苏举办2021年中国江苏乡土人才技艺技能大赛,为技艺传承带动乡村振兴搭建平台。广西南宁市举办多届农民工技能大赛,提升农民工技能素质,促进农民工更高质量就业。

"这场培训真是一场及时雨。"

"一家人的生活都有着落,感谢政府提供的免费技能培训。"

……

在强化技能帮扶的政策利好下,一大批农村劳动者搭上了技能提升的"顺风车",驶向共同富裕的康庄大道。

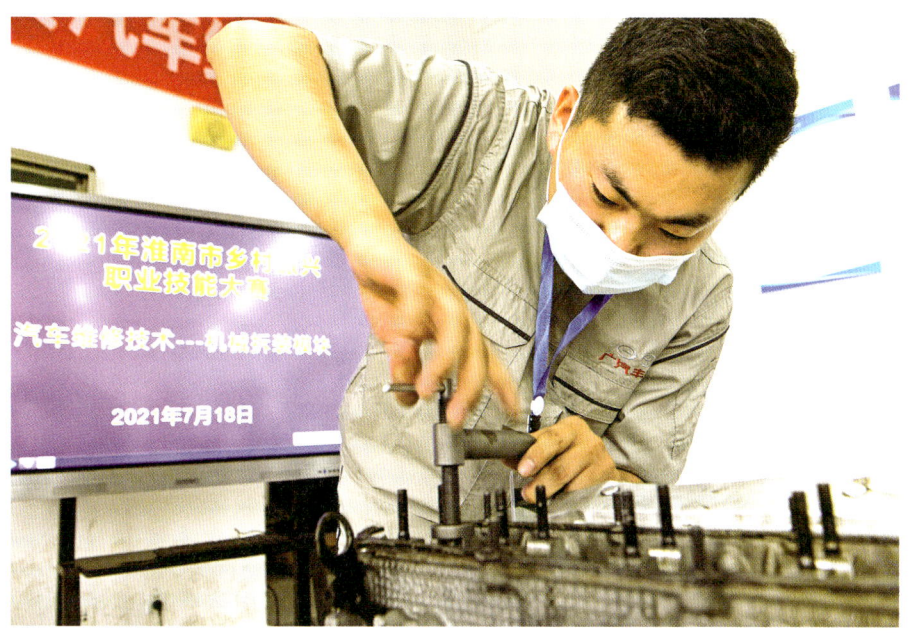

2021年7月17日,安徽淮南市人社局、市总工会等联合主办淮南市乡村振兴职业技能大赛,465名选手参加电工、美发师等16个工种竞赛。图为汽车维修技术竞赛项目参赛选手在比拼中。

(中国组织人事报社供图)

落实社保帮扶政策
为人民生活安康托底

习近平总书记强调,社会保障是保障和改善民生、维护社会公平、增进人民福祉的基本制度保障。

目前,我国基本建成世界上规模最大的社会保障体系。站在新生活、新奋斗的起点,人社部聚焦缓解脱贫人口和困难群体的参保缴费负担,破解社会保险经办服务供给不均衡不充分等问题,乘势而上、再接再厉,持续做好社会保险帮扶,让脱贫基础更加稳固、成效更可持续。

2021年8月22日，人社部、民政部等六部门联合印发文件，强调要切实解决农村居民和进城务工人员在社会保险方面的急难愁盼问题，完善困难群体社会保险帮扶政策，推动社会保险法定人员全覆盖，提高社会保险保障能力，提升社会保险经办服务水平。

各地人社部门完善政策措施，加强部门协作，大力推动社会保险帮扶政策和服务举措落地落实。

老家在陕西宝鸡市九成宫镇澄铭窑村的石来发，深刻感受到了社保帮扶政策的融融暖意。20多年前，石来发到商洛市商州区治疗麻风病，再没有回过老家。

为避免社保帮扶对象出现遗漏、重复问题，宝鸡市人社部门积极对接民政等部门业务数据，精准识别确认辖区基本养老保险参保扩面重点对象。正是在这种精细化的动态管理中，发现了"被遗漏"的石来发。

拿着从300多公里之外送来的社保卡，石来发感慨不已："国家的社保帮扶工作真细致，老家人没有忘记我啊！"

温暖人心的故事，折射出了各地人社部门落实社保帮扶政策，助力乡村振兴的不懈努力——

推进社会保险法定人员全覆盖。江西指导各地经办机构落实社保扶贫延续政策，掌握符合条件的低保对象、特困人员、返贫致贫人口等困难群体动态，确保新增一个，纳入一个；到龄一个，发放一个。河南安阳市人社部门与医保部门建立数据共享交换机制，加强数据共享比对，厘清未参保人群底数，精准着力，基本实现全市社会保险法定人员全覆盖。

加强社保经办服务能力。贵州从江县人社部门与民政、卫健等8个部门通力协作,在村(社区)设立集信息咨询、业务直办、帮办代办等于一体的便民服务驿站234个,将社保高频服务事项进驻驿站集中受理,提供"一站式"服务。重庆合川区完善基层社保便民服务网点,实现了30个镇街社保卡服务即办即取。

减轻困难群体参加城乡居民养老保险缴费负担。青海海西州对返贫致贫人口、低保对象、特困人员按100元标准全额代缴,重度残疾人按300元标准全额代缴,中轻度残疾人按50元标准代缴。内蒙古通辽市建立上下联动工作机制,及时沟通解决代缴工作遇到的难点问题,2022年1—4月,共为符合条件的8.07万名低保对象、特困人员等困难群体代缴保险费1 002.56万元,实现困难群体参保代缴全覆盖。

加大人才人事帮扶
希望的田野呼唤更多"绿领"

2020年夏天,一则"土专家"获评正高级职称的消息,让广袤的乡村沃野"沸腾"了。在浙江省农业正高级职称评审结果中,有4人为职业农民。有了职称托底,"土专家""田秀才"扎根乡村振兴一线的底气更足了。

浙江的创新探索,谱写了推动乡村人才振兴的动听旋律。

乡村振兴是一篇大文章,需要各类人才来书写。为夯实乡村振兴的人才基础,人社部加大人才人事帮扶,深入实施专家服务基层行动,支持县以下基层开展职称"定向评价、定向使用",

在"三区三州"等深度贫困地区实行部分职业资格考试单独划定合格线倾斜政策,创新乡村人才工作体制机制,充分激发乡村现有人才活力,把更多城市人才引向乡村创新创业。

各地人社部门结合实际、创新举措,大力推动人才人事帮扶——

落实事业单位人事管理倾斜政策。陕西宝鸡市适当降低基层事业单位公开招聘条件,县区 30% 左右的岗位招聘学历条件起点设置为大专,招聘笔试中设定最低分数线,降低或不设开考比例。湖北宜昌市新增事业单位专业技术乡村振兴"特设岗位",支持农业农村、医疗卫生、教育等部门引进高端人才和急需紧缺人才服务乡村发展。

实施职称评聘倾斜政策。新疆阿克苏地区落实基层"定向评价、定向使用"政策,调整专业技术岗位高、中、初比例,并结合基层工作年限,实行专业技术人员加分制。甘肃张掖市出台多项激励政策,对符合条件的乡村专业技术人员评聘中级、高级职称,不受岗位数额限制。

积极开展农民职称评审。山东面向全省推开新型职业农民职称评定制度,对业绩显著、贡献突出的新型职业农民,可"一步到位"直评高级职称。宁夏石嘴山市制定符合高素质农民特点的评审条件和评审方案,参评人员基本上不受学历、论文和资历的限制,注重实践、创新和贡献。

加大智力支持和人才服务力度。江苏太仓市组建乡村振兴博士"帮帮团",并吸引农业院校专家教授、本土专业人才等加入,

近年来，云南剑川县发挥直播网红、返乡大学生等青年人才的优势作用，通过加大直播培训、开展直播带货志愿服务等方式，增强本土农特产品市场竞争力。图为返乡大学生在直播间开展"青春助农·乡村振兴"电商直播活动。

（中国组织人事报社供图）

组织专家人才与各村结对合作，打通农业科技成果转化的"最后一公里"。甘肃平凉市抽调100名高级专家，组建果业技术、畜牧养殖、文化旅游、教育教学、医疗卫生5支专家服务队，深入全市100个帮扶联系点开展帮扶。

推动"三支一扶"工作融入乡村振兴战略。安徽"三支一扶"计划突出基层急需紧缺导向，拓展基层服务岗位，重点开发乡村振兴协理员、基层社会保障等服务岗位。2021年，全省招募上岗高校毕业生1 007名，其中，从事帮扶乡村振兴工作544名。吉林加大"三支一扶"计划招募力度，优先满足艰苦边远、重点帮扶、少数民族乡及沿边地区对高素质人才的需求。2021年，招募直接从事帮扶乡村振兴人员105人。

加强定点帮扶
共同富裕路上一个都不能少

一技傍身，再不怕贫困压顶。李菊花来自山西天镇县张西河乡，2013年起就在北京做家政，因为"无证上岗"，每个月的工资仅有1 800元。在接受"天镇保姆"的技能培训后，她的各项技能都得以提升，月薪涨至近5 000元。

"学了技能是关键。"谈到脱贫增收的秘诀时，李菊花说。

从"鸡鸣一声闻三省"到打响"天镇保姆"劳务品牌、带动群众驶入就业增收的快车道，天镇县的摇身一变，离不开人社部的定点帮扶。

结合山西天镇县、安徽金寨县、西藏札达县特点，人社部发挥职能优势，持续加大帮扶力度，细化帮扶措施，增强帮扶实效。

加大就业帮扶。指导天镇县、金寨县延续优化减负、稳岗、扩就业政策和脱贫人口就业帮扶政策，用好用足各类资金；开展人力资源服务机构助力乡村振兴行动，大力推广就业帮扶直通车；推动品牌培育发展，将"天镇保姆"纳入全国百家劳务品牌予以重点推介。

加大技能帮扶。推动天镇县全面推行职业技能电子培训券，开展育婴员等各类职业技能培训。协调山西人社厅加强对天镇县技工学校规划设计、设立审批和专业设置的指导。支持金寨技师学院丰富教学资源，中国职业培训在线平台减免金寨技师学院1 770人线上培训费用。为札达县提供电子商务、美容美发、保育等相关职业（工种）的网络培训课程和网络交互课程。

完善社保帮扶政策措施。加强与民政、税务、乡村振兴部门和残联数据共享，加强重点群体监测分析，优化经办服务，统筹做好政策衔接、任务落实和督促考核等工作，确保政策措施落地，目标任务落实。

推进人才人事帮扶。加大定点帮扶职称倾斜力度，指导开展职称"定向评价、定向使用"工作。落实事业单位人事管理倾斜政策，指导做好事业单位公开招聘工作，支持设置特设岗位引进急需紧缺的高层次人才。发挥专家优势助力乡村振兴，在金寨县实施"高层次专家服务大别山革命老区乡村振兴行动计划"；在天镇县开展博士后科技服务团活动；邀请医疗卫生领域专家深入阿里地区多家医院，对当地卫生专业技术人员进行培训。

胜非其难也，持之者其难也。在全面建设社会主义现代化国家新征程上，人社部门将继续发挥职能优势，为巩固拓展脱贫攻坚成果、全面推进乡村振兴汇聚磅礴的人社力量。

（房立俊）

为了人民群众的美好生活

——人社系统"我为群众办实事"实践活动述评

（一）

人民就是江山，江山就是人民。

"人民对美好生活的向往，就是我们的奋斗目标""坚持发展为了人民、发展成果由人民共享""切实解决好群众的操心事、烦心事、揪心事"……人民至上的旗帜，始终飘扬在人社系统砥砺奋进的征程上。

党史学习教育以来，人社部实施十项专项行动，58项具体事项，深入开展"我为群众办实事"实践活动。2021年1—11月，向165万人次发放技能提升补贴26亿元，支出各类就业补贴827亿元，向326万户企业发放失业保险稳岗返还资金192亿元，及时为失业人员发放失业保险待遇912亿元，为2 354万困难人员代缴26.8亿元城乡居民养老保险费，为2 132万困难老人按月发放城乡居民养老金；"点对点"运送农民工162万人，输出家政服务员29.4万人；人社政策待遇"看得懂算得清"，阅读量1.2亿；为2 000万余名办事群众累计减少6 000多万份证明材料；全年组织1 200余名专家赴基层开展各类服务活动约2 300场次，惠及当地群众约4万人……一串串数字，一张张清单，清晰展现着人社部门一脉相承的人民立场、一如既往的赤子之心、一以贯之的价值坚守。

这是一场为人民群众谋幸福的初心实践，这是一次践行党的根本宗旨、彰显人社担当的生动诠释。有群众点赞，"材料少了、速度快了、方便了，体验也好了，很多我们百姓'急难愁盼'的事情也得到了解决，感受到实实在在的变化。"

没有比群众满意更高的赞赏，没有比群众幸福更高的追求。

（二）

党的百年奋斗史就是一部为人民谋幸福的历史。站在党史百年这样的时间线上，在开启下个百年奋斗目标的关键节点，开展"我为群众办实事"实践活动，正当其时、恰逢其势。

人力资源社会保障工作与群众切身利益、切身感受息息相关，一头连着党的路线方针政策，一头连着民心。为群众办实事实践活动，是"践行党的性质宗旨的根本要求""夯实党的群众基础阶级基础的实际行动""增进群众感情的重要载体""推进人社工作的重要抓手"。

回望过往的奋斗路，才能更好眺望前方的奋进路。从部党组理论中心组专题学到党支部、党小组集体学再到个人自学，从结合业务学到一线实践学，从专门党课到微党课，从青年读书班到

专题辅导，感悟新思想的真理力量和实践力量，学史明理、学史增信、学史崇德、学史力行，形成坚守人民立场、为人民谋幸福的思想自觉、政治自觉、行动自觉，"我为群众办实事"实践活动在坚实的思想根基中稳步推进。

召开党史学习教育动员大会，召开党史学习教育交流推进会，召开全国人社系统深入实施"人社服务快办行动"电视电话会，专门印发"我为群众办实事"实践活动工作方案……部党组高位推进、高效部署，为办实事实践活动发出动员令并贯穿党史学习教育始终。加强统筹谋划，建立工作机制，精心制定方案，部领导分兵把口，加强督促指导，各单位"一把手"是第一责任人，实行项目推进、专人盯办；实地走访、集体座谈、民意调查，深入了解群众需求，摸准查实群众"急难愁盼"问题，形成问题清单、

贵州遵义市播州区举办"聚智播州·筑梦黔北"2021年播州区"人才周"暨民营企业专场招聘活动。

（中国组织人事报社供图）

责任清单、措施清单、成果清单；加强日常督查督办，对进展情况跟踪问效，对清单实行挂账销号，为群众办实事的责任螺丝不断拧紧，在扎实有序中推进。

在办事大厅，在服务窗口，在企业一线，部领导、各地人社厅局长以普通群众身份，对人社业务咨询、申请、受理、审核、办结、反馈等开展全流程检验。这是一次对群众办事的亲身感受，也是一次了解人社服务痛点、难点的直接体验，更是一次党性、思想的洗礼。

学史力行，实干为民。"从最困难的群众入手，从最突出的问题抓起，从最现实的利益出发"，办实事"既要掷地有声，更要落地砸坑""让群众看得见、摸得着、直接感受得到"，把学习党史同总结经验、观照现实、推动工作结合起来，聚焦聚力重点任务，着力围绕贯彻新发展理念、巩固拓展脱贫攻坚成果、保障基层民生需求、深化政务服务改革便民利民、推进基层治理体系和治理能力现代化办实事，把学习成效转化为工作动力和成效，防止学习和工作"两张皮"，展现出人社的实干、担当和深厚的人民情怀。

政之所要，在乎民心。人民至上的声音不断在为群众办实事中荡响，为人民谋幸福的初心意识在为群众办实事中践行。

（三）

"共产党就是为人民谋幸福的，人民群众什么方面感觉不幸福、不快乐、不满意，我们就在哪方面下功夫，千方百计为群众

排忧解难。"群众的"急难愁盼",就是办实事的方向。群众办事的痛点、堵点、难点在哪里,人社服务就跟进到哪里。以针对性更强、覆盖面更大、作用更直接、效果更明显的举措,实实在在帮群众解难题、为群众增福祉、让群众享公平。

就业是最大的民生工程、民心工程、根基工程,关系千家万户。落实就业优先政策;实施失业保险稳岗返还,鼓励企业不裁员少裁员,帮扶企业渡过难关稳定岗位;实施百日千万网络招聘和专场招聘活动;开展高校毕业生、退捕渔民专项帮扶;减轻企业社保负担……实实在在的稳岗减负扩就业措施,在政策端做"加法",在企业端做"减法",用心用情用力解决好就业问题。

"刷刷手机,就通过直播找到了工作!"江西工程学院的毕业生胡帅康没有想到,找上心仪岗位只需网上一键。"不需要填报申请和递交材料,稳岗返还资金就自动打到了账户上。"中鼎精工技术有限公司负责人谢玉雷感觉到的是方便、快速。"多亏了'就选山东'医疗卫生专场招聘活动助力。"一场主题突出、特色鲜明的专场招聘,让用人需求大、精准对接医药专业学生难的鲁南制药集团股份有限公司"松了口气"。"直播这样的岗位推荐,特别贴近,有吸引力。""足不出户就能了解就业信息,很是方便。"一些网友纷纷留言。一项项针对性的精准措施,一次次及时的就业帮扶,给身处疫情阴影之下的各类人群就业、企业招人带去希望的阳光。

社会保障是民生之依。扩大社保卡"一卡通"应用范围;加强失业人员基本生活保障,引导长江退捕渔民参加基本养老保险,

"重庆英才·职等您来"网络直播招人招才、"我为群众办实事"进校园送岗位活动。

(中国组织人事报社供图)

实现17.16万重点水域退捕渔民应保尽保;提高城乡居民养老保险待遇,提高退休人员基本养老金水平,推动基本养老保险基金投资运营,促进基金保值增值;制定出台新就业形态就业人员职业伤害保障办法,完善灵活就业人员参加职工养老保险政策,维护新就业形态从业人员权益……社保温度不断提升,为他们披上温情而坚实的"铠甲"。

"打开电子社保卡,就能清楚看到'长辈版'标识。大号的字体、简单的显示,真的是轻松阅读。"江西退休教师杨丽不再担心数字化时代带来的烦恼。"新疆的电子社保卡竟然可以在宁波借还图书!"来自新疆的赵军在宁波享受借书 10 册、借期 30 天的"同城待遇"。社会保障卡应用范围的积极拓展,让群众感受到的是越来越多的便捷,也提升着群众对社会保障卡的认知度和使用率。

构建和谐劳动关系关乎劳动者切身利益。出台维护新就业形态劳动者劳动保障权益的指导意见,明确了平台企业劳动保护责任,外卖员、网约车司机等新就业形态劳动者权益保障有了制度依据。"人社部、最高法明确:'996'违法!"和最高法联合发布的超时加班典型案例,帮助中小微企业规范用工管理,帮助劳动者正确维权,引起网民和劳动者热议;劳动者维权渠道进一步畅通,已从青岛某实业有限公司离职、身在河南的张某,在青岛市劳动保障监察手机投诉举报平台进行投诉,很快就"隔空"收到该公司欠发的工资……劳动关系更加和谐,劳动者的权益得到保障,也温暖着千千万万劳动者的心。

人才需要活力激发,创新呼唤激励保障。营造鼓励大胆创新、勇于创新、包容创新的良好氛围,体现在每一处温暖的细节,体现在每一次问题的解决。从打通县以下事业单位管理人员职业发展空间,到引导企业科学合理确定技能人才薪酬待遇;从解决专业技术人员职业资格证书发证慢、查证难、补证烦的问题,到规范全国创建示范活动;从开展专家服务基层活动,解决基层缺技术、缺资源、缺人才等困难,到解决康养服务人员不足等问题,再到推进电工证书整合……多方面的难题解决、多层次的激励保障,为人才心无旁骛钻研业务创造良好条件,让各类人才更有成就感、获得感,持续点燃干事创业的火热激情。

困难群众在哪里,人社服务就在哪里。加强脱贫人口就业帮扶;提供农民工返岗复工"点对点"服务;开展家政服务劳务对接,助力乡村振兴行动;实现符合条件的困难群体基本养老保险应保尽保;提高西藏技师学院师资能力……把最困难群众的安危冷暖放在心上,千方百计"兜"住最困难群体,"保"住最基本生活,确保新征程上同样"一个也不能少"。

民有所呼,我有所应。一桩桩群众"急难愁盼"事情的切实解决,一系列民情民意的有效回应,彰显着人社为人民的决心和导向,推动着人社温度和民生热度同频共振。

(四)

"一窗办理就办好了,再也不用来回跑了,很是方便。""时间短速度快,点赞!"群众的赞叹,见证着人社服务快办行动带来的深刻变化,体现着行风建设带来的明显改变。

"胜人者有力,自胜者强"。党之所以能够团结带领人民实现从站起来、富起来到强起来的伟大飞跃,就在于她勇于直面各种风险挑战,勇于直面自身存在的问题,不断以自我革命精神锻造和锤炼自己。坚持刀刃向内改作风,进行自我革命,突破利益固化的藩篱,把短时"阵痛"留给人社部门,把长期便利带给群众,释放出人社服务的巨大活力。这是为群众办实事的必然要求,也是人社事业高质量发展的一场深刻变革。

老百姓的烦心事、揪心事,也是改革的突破点。群众期盼什

么，改革的靶向就对准什么。从一件事"一次办好"到免申即办"一次不跑"，从"人找政策"到"政策找人"，从"就近可办"到"上门帮办"，从"现场认证"到"静默认证"，从持续推进关联事项"打包办"、高频事项"提速办"、所有事项"简便办"，到大力推动异地事项"跨省办"、服务下沉"就近办"、特殊情况"上门办"、社保卡申领等"出生一件事"联办、探索"免申即办"，人社系统坚持以群众需求为改革方向，深化简政放权、放管结合、优化政务服务改革，为群众解绊、为企业松绑。跑腿次数多、办结时限长、办事程序繁、办事排队长等困扰群众的难题得到有效破解，也极大地提升着群众获得感。

"只要眨眨眼、点点头就办好了认证程序。"山东老人王天平谈起"静默认证"，赞不绝口。"用人社政务服务电子地图，群众可精准定位、一键导航，一查即准、一找即对。"手指一动，让河南的小伙子朱明没有为"找不准办事点、不知该带啥资料、不知还能办啥事"的问题发愁。一句句感叹，一次次点赞，是人社服务带来的便利，是人社改革的必然效应。

2020年11月，"人社日课"正式上线。"查不到我的职业技能等级证书怎么办？""所有欠薪行为都可以信用修复吗？""城乡居民养老保险如何进行转移接续？"每天一问，每日一课，"人社日课"作为"我为群众办实事"的载体，以卡通漫画、图解、音视频等形式，从细微处着眼，从细节处入手，既方便受众随时学习了解，也可以收藏分享，在润物无声中传递人社服务的温暖、人社政策的温度。

"你的养老金是这样算出来的!""曾在不同省份工作过,退休在哪领取养老金?""灵活就业人员如何领取社保补贴?"故事性文案,通俗易懂的语言,人物漫画、情景对话、动画视频、绘制图表等形式,接地气的"看得懂算得清"宣传,让不少劳动者的切身权益得到了保障。"通过方言和围裙上的宣传语,我晓得多缴多得!"一位来自农村的群众由衷赞叹。

服务好不好,基层体验最直接。去群众家里"喝大碗茶""坐小板凳",去一线走流程看现场、暗访调研,以人社政策"懂不懂"、流程"通不通"、体验"好不好"找问题、查难点、寻堵点,多形式多渠道听真实声音、看真实情况,推动人社服务流程再造和服务提升,让经办更符合群众需求,让服务更贴近民心。

2021年4月,一则处长送外卖的新闻冲上热搜第一。北京市人社局劳动关系处副处长王林拜师外卖小哥,体验一天送外卖的感觉。有网友评价,身临一线才能真正体会劳动者的不易,才是真调研、办实事。一位基层干部感慨:"对群众的一些小事,看深一些、看透一些、做实一些,就能拉近和人民群众的感情,就能真心实意为他们办实事、解难事。"

电子劳动合同的推广和应用进入快车道。电子劳动合同订立指引的出台,为用人单位和劳动者便捷订立电子劳动合同、提高人力资源管理效率护航。宁夏、江苏苏州工业园区等地大力推广电子劳动合同应用,积极拓展劳动关系公共服务模式,实现了劳动合同签订、解除、变更"网上办",个人签名"手机办",劳动关系、社保、就业等多项业务"打包办",大大优化了企业和

山东济宁任城区人社局举办"送岗位进社区"现场招聘会。

(中国组织人事报社供图)

劳动者办事流程,切实为群众办实事。

"民生工作直接同老百姓见面、对账,来不得半点虚假,既要尽力而为,又要量力而行,承诺了的就要兑现。"办实事就是要实打实、往实里办。从坚决杜绝"说了就是做了""做了就是落实了"现象到防止重"痕"不重"绩"、留"迹"不留心,增加基层负担等错误做法,再到防止"低级红、高级黑"……在为群众办实事中力戒形式主义、官僚主义,整治群众身边腐败和不正之风问题,让实事办得更实、更有力,让群众的获得感更强。通过清理整顿和备案工作,大幅压缩涉及城市的创建示范活动数量,切实让基层从不必要的事务中解脱出来。

越是赞扬声很多的情况下,"越要发扬自我革命精神,千万不能在一片喝彩声中迷失自我。"这也是人社系统的自我提醒、自我鞭策,更是永不停歇的动力。"我为群众办实事"实践活动,不仅是要警醒人社系统干部不能忘记"为什么人"的问题,更是要以正视问题的自觉和刀刃向内的勇气,解决系统内存在的违背初心和使命的各种问题。

(五)

南京市民陈燕华在网上签署了一份承诺书,几分钟时间就完成了注册消防工程师报名全流程。这种变化,得益于江苏省人社系统推行的证明事项告知承诺制。"少了奔波之苦,少花了时间和金钱,但办事体验更好了。""一次简单的承诺就搞定,效率更高了。"

一份小小承诺书,减少的是群众的忧心,增加的是群众的放心。这承载的是信任,彰显的是治理能力,更体现出制度机制的持久力量。

"既要立足眼前、解决群众'急难愁盼'的具体问题,又要着眼长远、完善解决民生问题的体制机制,增强人民群众获得感、幸福感、安全感。"为群众办实事不是"一阵风"式的突击,而是一项长期工程。小智治事,大智治制。固根基、扬优势、补短板、强弱项,构建系统完备、科学规范、运行有效的制度体系,贯穿"十四五"时期乃至更加长远的发展进程,是人社系统时时对表的明确要求。

从促进群众就业创业到建立城乡居民基础养老金正常调整机制，从提升社保卡服务到和谐劳动关系维护，从拓展基层事业单位管理岗位职员发展空间到推进人社快办建设，用制度的尺子定规矩，用制度的框子促发展，用制度的卡尺对违规行为进行约束，以规则的红线为灰色地带竖起围墙。全方位、深层次的制度创新，为人社治理找到了抓手，增强了决策的稳定性、工作的连续性，更让制度思维成为一种基本的思维，释放出人社各项制度的刚性约束力，为人社事业高质量发展提供持久的支撑，让群众对未来有更稳定的预期。

群众办事的痛点、难点、堵点在哪里，制度就跟进到哪里；人社事业发展的难点在哪里，制度的完善就到哪里。健全农村低收入人口就业帮扶长效机制；开展社保卡"一卡通"创新应用示范……着眼新问题新矛盾建立长效机制，在总结提炼好经验好做法的基础上，出台一批行之有效、群众得益受惠的政策和制度，把服务群众贯彻到日常工作的方方面面，推动"我为群众办实事"实践活动不断扩大受惠面、提升影响力。这些制度的建立和完善，突出了守正创新、开拓进取，突出了系统集成、协同高效，体现的是强烈的问题导向和鲜明的实践特色。

制度的设计必须适应时代的变化，治理的脚步需要跟上发展的节拍。为群众办实事，及时总结好经验好做法，完善解决民生问题的制度政策。出台脱贫人口就业帮扶政策文件，持续为脱贫人口提供就业支持；加快推行证明事项告知承诺制；全面推进职业资格证书管理便利化改革；探索完善灵活就业人员社会保障制度,破解新业态快速发展带来的问题;制定创建示范活动管理办法,规范创建示范工作……一次次的制度推进,一次次治理机制的完善,不断推动着为群众办实事取得更加扎实的成效、产生更加深远的影响。

制度是根本。在为群众办实事的过程中,推动着各项制度的创新完善。制度的力量,又让群众获得感、幸福感、安全感更加充实、更有保障、更可持续,让人社治理更有水平,让人社事业发展更有质量。

(六)

东风浩荡满目新,砥砺奋进正当时。

必须"牢记初心使命,坚定理想信念,践行党的宗旨,永远保持同人民群众的血肉联系,始终同人民想在一起、干在一起,风雨同舟、同甘共苦,继续为实现人民对美好生活的向往不懈努力"。这是号角,也是鞭策,更是责任。

百年恰是风华正茂,百年仍需风雨兼程。走在新的赶考路上,迈向新的百年奋斗目标,人民对美好生活的向往激励广大人社系统党员干部高扬人民至上的旗帜,以更大决心,以更高标准、更实举措,推进民生工程,为群众过上更有保障、更有尊严的幸福生活贡献人社力量!

(刘序明)

锻造服务温度　守好人民的心

——写在人社系统行风建设三年行动收官之际

（一）

天下之大，莫大于民心；天下之重，莫重于民生。

为人民而生，因人民而兴。我们党自诞生之日起，就将"全心全意为人民服务"镌刻在旗帜上，高度重视就业和社会保障工作。百年风云激荡如潮，百年奋斗铸就辉煌。人社部门在党的领导下，坚持人民至上，牢记初心使命，以不懈奋斗保障和改善民生，用民生温度守好人民的心。回望百年奋斗路，"以人民为中心"的价值追求，如丝如缕贯穿人社工作始终，穿透岁月、薪火传承，深沉而执着，历久而弥坚。

从历史深处奔涌而来，向着新征程阔步前进。

"正行风、树新风，打造群众满意的人社服务。"三年前，一场刀刃向内、自我革命的行风建设，在全国人社系统拉开帷幕、持续深入：抓思想共识聚合力，抓服务快办提效能，抓告知承诺减材料，抓练兵比武强素质，抓调研暗访补短板，抓服务评价转作风，抓典型宣传树形象，纠建并举、标本兼治，严字当头、实字托底，绵绵用力、久久为功。

时间是忠实的读者，见证着深刻的变革。

变化写在群众脸上。"证明少了"的惊喜，"办事快了"的称心，"体验好了"的愉悦，装扮了群众的"表情包"。国家统计局的调查显示，老百姓对人社服务的满意度逐年提升，进入满意区间；国家市场监管总局2020年全国公共服务质量监测，就业、社保服务满意度位居前列。

变化写进机制流程里。持续推进"清减压"，把麻烦留给自己，把方便让给群众，取消无谓的证明材料，让群众告别"人在证途"。从"多窗办理"到"一窗通办"，从"线下跑"到"网上办""掌上办"，数据多跑路，群众少跑腿，一些办事大厅喜见"门可罗雀"。

变化融入干部精气神。"以前是被动服务，现在是主动服务，每个人都成了人社系统的门面担当。"从习惯反问自己"现在干的事是不是群众期待的"，到不断思索"人社服务好不好优不优"，"人人是窗口、处处有服务"深入人心。

这是一场从理念到体制的深刻变革。变的是服务理念、流程机制和办事体验，不变的是"人社工作为人民"的初心。

（二）

恩格斯说，"人们创造历史的活动，如同无数力的平行四边形形成的一种总的合力。"加强人社系统行风建设，是践行以人民为中心发展思想的务实之举，是贯彻落实党中央、国务院决策

部署的根本要求,是改进人社部门为民服务、提升服务品质的迫切需要,是历史自觉与政治担当的使命必然。

时光的镜头,拉回三年前:全面从严治党不断向基层延伸,"放管服"改革深入推进,人社部门转变作风、优化服务取得积极成效。然而,行风建设犹如逆水行舟,不进则退。群众来人社部门办事,还有不少堵点痛点难点,集中体现为排队长、时间长,跑腿多、证明多,纪律不严、服务不细。这些问题的存在,让办事单位和群众饱尝办事慢、办事难之苦。任其发展下去,就会像一座无形的墙,把我们党和人民群众隔开。

"这件事,必须要抓,不抓不行,晚抓也不行。""不是简单地应一时之需,而是有其长远性、战略性意义。""牵一发而动全身,既管当前,又管长远。"2018年7月3日,人社部召开电视电话会议,全面部署系统行风建设,以思想为引领,以信息化为支撑,抓住清权、减权、晒权、制权四个环节,治痛点、疏堵点,规范标准流程,提高能力素质,考核督查倒逼,打造优质便捷高效的人社服务,切实增强群众幸福感获得感。

以思想之光引领行动自觉。深入学习习近平新时代中国特色社会主义思想,学出坚定理想,学出纯粹初心,学出行动自觉,牢固树立人民立场,不断提升对行风建设的思想认同和对人民群众的感情认同。广泛开展行风建设大学习大讨论大宣讲,把自己摆进去、把工作摆进去、把问题摆进去,多想想"为什么、怎么做",解决宗旨不牢固、使命感不强等突出问题。牢固树立"管行业必须管行风"的理念,主要领导亲自抓,压实主体责任,推动行风建设与党建工作、业务工作同谋划、同部署、同落实、同考核，持续拧紧行风建设发条，形成人人重视行风、处处体现行风的生动局面，凝聚起推动行风建设的强大合力。

行风建设起步开局、落地有声。三年行动计划压茬推进，从梳理清单、清理证明，到完成办理事项标准化信息化，再到全面实现"马上办、网上办、就近办、一次办"，从企业、群众角度出发，以简政放权放出活力和动力，以创新监管管出公平和正义，以优化服务服出便捷和品质。践行以人民为中心的发展思想，自我加压、自我革命，从"便我"向"便民"转变，人社服务质量和效能得到持续提升，人民群众的满意度逐年稳步提高。

一子落，满盘活。行风就是环境，行风就是形象，行风就是力量。行风建设作为事业发展的战略支点、推动工作的重要载体、破解难题的金钥匙，为新时代人社事业发展注入强劲动力，焕发出炙热的民生温度。

（三）

办一张社保卡需要多久？过去一二十天甚至一两个月，现在立等可取！

"效能变革"背后，是一场简政放权的自我革命，是一次理念机制的系统重塑。

面向老百姓的事，就要删繁就简、阳光透明，以敬民之心行简政之道。开展摸查梳理，彻底摸底对外办理事项，把真的找出来、把假的剔出去，勇于亮家底、抖包袱，把所有办理事项全都亮出

来,不打小算盘、不藏小九九、不留自留地。切实精简流程,能整合的坚决整合、能简化的坚决简化、能减掉的坚决减掉。简化办事程序,压缩办事时间,优化再造流程,推广容缺办理,减环节、减材料、减时限、减费用。放管结合、放管并重,建立健全事中事后监管体系,从"严进宽管"真正转向"宽进严管"。

开展证明事项告知承诺制,杜绝奇葩证明、重复证明、无谓证明。在社会保险、人事考试领域开展告知承诺制试点,并逐步全面推开。在部本级24个事项的89件次证明材料中推行告知承诺制,仅人事考试领域就为2 000万余名办事群众累计减少6 000多万份证明材料。建立首问负责制、一次性告知制、限时办结制等制度,实现窗口服务规范化制度化。曾经,烦琐的办事流程让群众"犯难""堵心"。如今,告知承诺制让群众节省了时间成本,群众称赞"一纸承诺书,浓浓民生情"。

推进人社政策待遇"看得懂算得清",用大白话、接地气的语言和形式开展政策解读和宣传。"当李焕英来到2021年,怎么帮助工友解决工伤难题?"河北省人社部门推出《当李焕英来到2021》系列,借力影视人物李焕英介绍工伤、养老、失业保险等人社政策,成了群众津津乐道的爆款,促进了群众对人社政策的关注和了解。精准的政策解读、生动的政策宣传,搭建起服务群众的连心桥。

开展"人社服务快办行动",惠企便民跑出加速度。关联事项"打包办"、高频事项"提速办"、所有事项"简便办",实现10个以上企业、群众眼里的"一件事"打包办理,20个以上

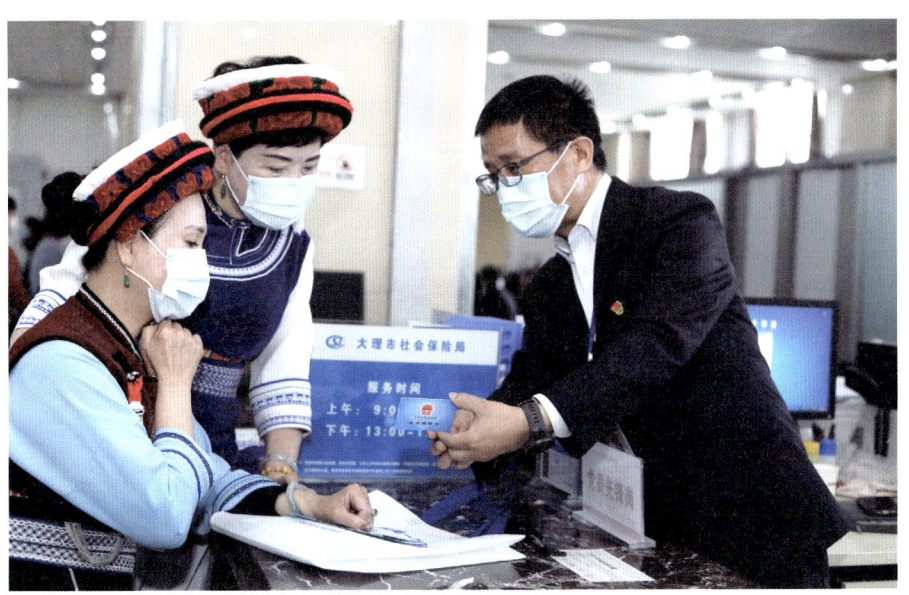

云南大理市人社局专门开设了"白语党员先锋岗"服务窗口,用群众听得懂的"白族语"把人社政策、办事流程向白族办事群众说清楚、讲明白,以真诚换微笑,赢得群众点赞。图为"白语党员先锋岗"服务窗口,工作人员为白族群众讲解社保政策。

(中国组织人事报社供图)

高频服务事项在规定办结时限基础上提速50%,让企业、群众办事"跑腿"越来越少、材料越来越简、时限越来越短、体验越来越好。从一件事"一次办好"到免申即办"一次不跑",从"人找政策"到"政策找人",从"就近可办"到"上门帮办",人社部门自我加压,提高标准,不断拓展"快办行动"的"再提速"空间,让群众有了更好的体验、获得更高的幸福指数。

行风建设是思想认识、工作作风的问题,也是技术支撑、科技手段的问题。构建全流程一体化的人社服务信息化平台,主动与全国网上政务服务平台衔接,把群众最关心的事项端到网上、端到移动端办理。加快推动数据共享共用,打破信息孤岛、数据烟囱，推动系统内跨层级、跨地区、跨业务的互联互通，实现"一次采集、一库管理、多方使用、即调即用"。实施信息化便民服务创新提升行动，开展人社政务服务"一网通办"，审批服务事项"上网"加力提速，"不见面办事"的范围不断拓宽。社保"一卡通"，广泛应用到参保缴费、待遇领取、就医结算、就业服务、乘公交、进公园，一卡在手，群众出门办事不再"卡"。

"一窗办理再也不用来回跑了！""足不出户就能办成业务，给力！"群众的笑脸，就是努力的方向；群众的口碑，就是最大的褒奖。

（四）

建党百年华诞前夕，一场"人社服务为人民"中外记者见面会，引来无数网友的围观和点赞。5位人社领域优秀的党员代表，都是默默耕耘人社工作一线的基层干部。

34万个公共服务窗口和基层平台，100多万经办人员，每年服务群众近200亿人次。这是人社部门联系服务人民群众、服务经济社会发展的"基本盘"。

"无穷的远方，无数的人们，都与我有关。"每扇窗口办理事项的快慢，每个人员服务脸色的冷暖，每次出入这里办事的体验，都关联着人民对美好生活的向往，都关系到党和政府在群众心目中的形象。

老百姓评价行风，不光看服务态度，还看事情能不能办得成、办得快、办得好。人社服务要有担当的宽肩膀，还要有成事的真本领，不断提升专业素养和专业能力，解决"政策不熟、本领不高"的问题。

大练兵大比武带来大提升。学习题库紧扣工作实际，以最新政策为依据，对试题动态补充和更新，突显干什么练什么、什么弱强什么的鲜明导向。坚持"全员健身""全系统备战"，实现部、省、市、县、乡镇（街道）、社区（村）各级全覆盖，前后台人员全覆盖。"日日学、周周练、月月比"贯穿全年，个人自学、集中培训、轮岗实践、骨干帮学形式多样，融入日常、化为习惯、形成自觉取得实质性突破，学政策、钻业务、强技能、优服务蔚然成风，一大批"人社知识通"和经办服务能手脱颖而出。

"练"就优质服务，"比"出人社新风。以比促练、以练促用，练兵比武活动成为锤炼作风、涵养新风的大舞台，历练本领、增长才干的加油站，锻炼队伍、培养干部的大熔炉。"群众问不倒、领导考不倒、同事比不倒、问题难不倒"，许多窗口工作人员练出了"一口清""问不倒"的本领，在为民服务的舞台上大显身手、一展芳华。有人感慨："以前接到群众咨询，话到嘴边不知道对不对，不敢解答。现在，没有说完，我基本就知道问题在哪！"全国"人社知识通"张兴华将练兵比武所学运用到信访工作中，经办的 600 余件上访件，群众满意率达 100%。

"胸中有全局，手中有典型。"榜样是无声的宣传队，是看得见的标杆。大力选树"人社服务标兵"，典型引路带动整体提升。"洋山人的好闺女"倪芳芬，"快乐背包客"金彩虹，"社保公仆"蔡兰，"人社快递哥"易盛荣，"七仙女"领头人李玉环……

江苏如东县人社局组织志愿者走上街头,开展政策法规宣传活动。16名头戴红帽子、身着红马褂的志愿者,就技能培训、就业扶持、社会保险和劳动维权等问题为市民答疑解惑,现场服务100多人,发放宣传资料180余份。

(中国组织人事报社供图)

响亮的名字传遍人社系统,为民服务的先进事迹洗礼精神。开展服务标兵先进事迹巡回宣讲,释放示范带动效应,让大家学有榜样、赶有目标,浓厚人人争当标兵、争做能手的氛围,点点星光、蔚为汪洋。

"有形的正能量",温暖人鼓舞人启迪人;"看得见的哲理",激起内心的强烈共鸣。看到于砚华的事迹,求职者张欣,选择了人力资源市场的公益岗位工作,"要像于姐一样无私地服务老百姓。"听完服务标兵先进事迹报告,安徽金寨县人社局干部邓家华触动至深:"尽管人社工作很平凡,为百姓干的都是一些小事,但是能够坚持把小事干好,也是幸福的。"学习传承标兵的专业精神、服务品质，立足平凡岗位、保持卓越追求，书写不负时代的人生答卷，成为广大人社干部的价值坐标，激发出攻坚克难的内生动力。

两个场景，令人印象深刻：脱贫攻坚战中，社保干部职工走遍千山万水，深入千家万户，道尽千言万语，历尽千辛万苦，把社保扶贫的雨露甘霖送到每个老弱病残贫困人员手中；抗疫斗争中，人社部门防疫便民不间断，暖心服务不打烊，稳就业保就业举措应出尽出，稳岗位拓岗位办法能用尽用，人社服务传递战疫信心，民生温暖驱散疫情阴霾。

暖心故事，就在群众身边：沈阳货运中心职工因工导致急性颈髓损伤，沈阳市人社局组织3名专家，驱车80公里上门做劳动能力鉴定；江西新余高新区就业创业中心从企业频繁招聘中发现企业留才难题，主动上门精准施策指导……

"不要人夸颜色好，只留清气满乾坤。"用心擦亮一扇小小的窗口，真情服务每个办事群众，用辛苦指数换群众的幸福指数。人社服务的金字招牌，凝结着汗水，饱含着初心，长进群众的心里。

（五）

23℃是人体感受最舒适的环境温度。湖北推出"23℃人社服务"标准，打造环境舒心、服务贴心、办事省心、群众放心的人社服务。群众办事有时会遇到政策瓶颈、政策障碍。辽宁丹东推出"办不成事反映窗口"，专治企业群众办事的"疑难杂症"，着力打造"痛快办事"的体验。

以人民群众利益为重、以人民群众期盼为念，改革的动力就风正帆满，创新的办法就思路泉涌。从深圳的"秒批改革"到南宁的"免申即办"，从浙江的"最多跑一次"到江苏的"一体化、一网办"，从宁夏的"就近办"到湖南的"上门办"，改革创新的背后是"人民至上"的价值理念，凝结着对人民的深厚情感。

"一项政策好不好，要看乡亲们是哭还是笑。"人社工作的成效既体现在政策上，也体现在服务上，群众最有发言权、评判权。开展人社政务服务"好差评"工作，服务事项全覆盖、评价对象全覆盖、服务渠道全覆盖，发挥12333热线、门户网站等作用，

新疆库车县人社局开展"局长走流程"活动，局领导班子成员作为志愿者，主动查找排队时间长、材料繁多的前5个事项，集中精简优化流程，推广网上办理，提升群众办事满意度。图为人社局领导干部与群众交谈。

（中国组织人事报社供图）

设立行风监督投诉专线专区，主动接受企业群众"点赞""吐槽""拍砖"。以"好差评"为镜，透过"回音"看落地成效，查不足找差距补短板，发现服务的堵点难点，找准改革的切入点和着力点，用人民群众"需求端"的评价，推动人社服务"供给端"提质增效。

"要想知道梨子的味道，就要自己去尝一尝。"全面开展"人社厅局长走流程"，领导干部相继走出办公室，深入为民服务第一线，亲身体验企业群众的"急难愁盼"，了解窗口一线工作人员的问题和建议，制定问题、需求和解决措施"三个清单"，打通政策制定"最先一公里"与政策落地"最后一公里"，推动人社惠民政策和服务更快更好惠及企业群众。流程走得广、走得深、走得实，"走"出对人民群众的真感情、好作风，"访"出企业群众办事的痛点、堵点、难点，"开"出一批务实管用、群众认可的"药方"，树立起"我为群众办实事"的人社品牌。

发挥监督检查利器作用，倒逼工作作风改进。开展专项督查，畅通投诉举报渠道，加强对作风建设信访举报的调查和督办，有诉必应、有举必查、查必有果、纠必到位。开展"青年干部暗访调研"活动，秉承"赶考"精神，从边远小村到繁华闹市，从海上小岛到雪域高原，看环境问政策，看设施办业务，询问群众"懂不懂"，审视流程"通不通"，体验"好不好"，健全问题发现机制，畅通问题反馈渠道，推动问题核查整改，推动人社领域治理体系建设。

（六）

春风浩荡望眼春，不负韶光万里程。

行风建设的火热实践，彰显了人社部门捍卫"两个确立"、做到"两个维护"的政治自觉，体现了"以人民为中心"的政治担当，折射出勇于自我革命、改革创新的精神。

三年持之以恒、不懈奋斗，留下了深刻的经验启示。

人民至上是行风建设的力量源泉。民心是最大的政治，民生连着民心。人社工作与人民利益紧密相连，与百姓生活苦乐攸关。念兹在兹的为民情怀，铸就直抵人心的行风力量。没有一种力量，比人民更强大；没有一种根基，比人心更坚实。把人民放在心中最高位置，满怀对人民群众的深厚感情，行风建设就充满力量，无往而不胜。

问题导向是行风建设的发力点。瞄准群众最不满意的地方，瞄准群众最关切的领域，把老百姓盼的、急的、忧的、怨的问题搞清楚，把工作中的矛盾、短板、弱项搞清楚，从细处入手，向实处发力，发现问题、正视问题、揪根问题、较真问题、解决问题，"摁住葫芦抠籽儿""拉锯掉末儿"，拿出务实管用的实招硬招，一锤接着一锤敲，一步一个脚印向前推，就没有攻克不了的顽瘴痼疾。

建章立制是行风建设的有效保障。行风建设是"易碎品"，不能搞一阵风、大呼隆，雨过地皮湿。最重要的是形成常态化，持续拧紧行风建设的发条，经常抓、抓经常，反复抓、抓反复。

坚持纠建并举、标本兼治,既解决重点问题,又建立长效机制,把行风建设成果锻造成制度力量,就能把制度优势更好转化为治理效能。

行风建设没有终点,为民服务永无止境。

踏上实现第二个百年奋斗目标新的赶考之路,要高扬"人民至上"的旗帜,不断巩固和发展行风建设的成果,把好传统带进新征程,将好作风弘扬在新时代,书写人社事业高质量发展更大的荣光。

(刘祖华 孙忠法)

让满意留在群众心间

——坚持以人民为中心，人社系统不断加强行风建设

人社工作为人民，管行业必须管行风。系统行风好不好，关系到"放管服"改革的真正落地，关系到人民群众的美好生活。

"正行风、树新风，打造群众满意的人社服务。"2018年以来，人社部党组坚定践行以人民为中心的发展思想，把系统行风建设作为人社事业发展的战略支点、推动工作的重要载体、破解难题的金钥匙，刀刃向内、纠建并举、标本兼治，治痛点、疏堵点、破难题，以行风建设实效，持续推动人社公共服务整体提升，不断增强着企业群众的获得感幸福感。

坚持问题导向，顺应群众需求

民之所忧，我必念之；民之所盼，我必行之。

2018年以来，人社系统聚焦企业群众反映强烈的堵点痛点难点，坚持问题导向，顺应群众需求，持续推进"清减压"，切实精简流程、优化服务，让群众办事更加透明高效、舒心顺心。

证明材料多、办事流程繁，为了解决这个群众办事痛点，人

社系统深入开展减证便民行动。人社部分三批次清理取消125件次证明材料，占人社领域证明材料的65%；积极开展证明事项告知承诺制试点，杜绝奇葩证明、重复证明等无谓证明。各地人社部门积极探索通过部门间信息共享、网络核验、告知承诺制等办理方式替代开具证明，让企业群众办事"轻装上阵"。山东全面梳理证明事项名称、数量、办理方式，实现全省同标准办理、无差别受理、一体化处理。安徽探索建立告知承诺书公示制度，完善"一处失信、处处受限"的联合惩戒机制，并与事中核查、事后监管有机结合，最大限度降低风险。

减证便民、承诺就办，换来群众交口称赞。"人社部门推行告知承诺制，我们办事更快了、跑腿更少了，应该得到信任和支持。在办理相关业务时，更要以诚实守信的态度去对待。"参加了高级经济师考试的李先生说出了报考人员的心声。

办理事项不集中、数据信息不共享、办事指南不清晰，导致办事来回跑，一度饱受群众诟病。疏堵点、破壁垒，人社系统大力推进人社领域规范化建设，发布人社权责事项、审批服务事项、基本公共服务等清单，制定一整套由276项标准构成的人社服务标准体系，普遍实行"综合柜员制""一窗通办"，完善窗口服务首问负责制、一次性告知等5项制度，让企业群众只到一扇窗就能办成事。

湖北襄阳市将涉及19个单位（科室）的人社业务整合为一个整体，308项政务服务事项全部实行"前台综合受理，后台分类审批，统一窗口出件"的经办模式。内蒙古呼伦贝尔市开展"综

合一窗"改革,将人社业务集成到一个平台,统一登录账户、办理渠道、经办标准、结果反馈。抽样调查显示,如今,市县级人社审批服务事项办理"只进一扇门",70%人社审批服务事项"一窗"分类受理等目标已基本完成。

人社政策专业性强、覆盖面广,政策看不懂、待遇算不清,阻碍着政策服务落地的最后一公里。想群众之所想,急群众之所急,人社政策待遇"看得懂算得清"宣传解读全面铺开。

线上,人社部门网站、微信公众号等平台定期推送通俗易懂的政策解读动画、视频、漫画、图表;线下,各地广泛创新采用方言宣传、摆摊设点、广播宣传、送政策上门等丰富多彩、更接

内蒙古达拉特旗人社局结合"我为群众办实事"实践活动,持续深化人社领域"放管服"改革,聚焦"便民利企"主题,压减业务申请材料,精简优化办理流程,形成了一个窗口通办、一张单子受理的服务模式。图为人社局工作人员为小微企业创业人员办理创业担保贷款。

(中国组织人事报社供图)

地气的解读形式；依托公共服务平台，人社部门打造网上经办大厅、App 等多元服务渠道，帮助群众快速查询社保权益、精准测算社保待遇。截至 2022 年，人社部已发布百余期"看得懂算得清"政策宣传解读，累计提供养老保险权益查询服务 2.1 亿人次，提供养老保险和失业保险待遇测算服务共计 4 743 万人次。

政策"飞入寻常百姓家"，实惠稳稳落入手中。"退休前我不知道能领多少养老金，工作人员面对面指导我，在手机上登录'江西人社'App 进行养老金估算，填写信息后算出来有 3 000 多元，结果我退休后第一个月领了 3 300 元的养老金，测算挺准的！"如期领到养老金，江西吉安市吉州区居民胡六俚对人社服务竖起大拇指。

提升服务质量，惠企便民跑出"加速度"

跨省转移社保，需要跑几趟？过去辗转多地，费时费力；如今只要动动手指，一次不用跑！

来自浙江温州的黄女士想把自己的养老保险关系从福建厦门转回温州，若在过去，黄女士需要跑到转出地开凭证，再到转入地申请，来回奔波办理至少需要 45 个工作日。如今，她只需动动手指就成功办结，前后只花了 15 个工作日。"一次不跑，省了路费还节约时间，高效又便捷！"事后，她高兴地与身边的朋友分享。

"不跑腿""即时办""少材料或零材料"，日益成为群众办事常态，这背后是人社系统坚持与时俱进、勇于创新，不断推

动人社服务质量攀升的结果。

信息化是提升服务能力的重要支撑,是行风建设的重要引擎。2020年以来,人社信息化便民服务创新提升行动广泛开展,以数字化转型为支撑,越来越多人社服务插上了智慧的翅膀。

人社部通过全国人社政务服务平台、国家社会保险公共服务平台、掌上12333、电子社保卡等全国性服务平台,提供了48项"一网通办"应用,失业登记、社保查询、待遇申领、职业资格等服务实现"跨省通办",已累计向社会公众提供业务访问达百亿人次。全国社保卡持卡人数达13.5亿人,4.7亿人领用电子社保卡,社保"一卡通"广泛应用到参保缴费、待遇领取、就医结算、就业服务、乘公交、进公园。小小社保卡,能办很多事。

以"互联网+人社服务"为依托,各具特色、管用可行的"土特产""一招鲜"不断涌现,把行风建设这张亮丽名片擦得更亮。深圳启动应届毕业生接收"秒批"改革,打造"零跑腿、零排队、不见面、自动批"的"互联网+政务服务"新标杆,并逐步扩容至人才引进、社保征收、社保待遇领取等业务领域,惠及1 200万申请人。上海推出"上海市养老金领取证"电子证照服务,600余万名养老人员只需通过手机动动手指,随时随地就能查询和使用。

提升服务质量,离不开改革创新。2020年起,一场"人社服务快办行动"席卷整个人社系统,10个以上关联事项打包办、20个以上高频事项提速办、更多事项简便办、异地事项跨省办,人社服务气象更新,惠企便民跑出"加速度"。

浙江全面启动事业单位工作人员职业生涯全周期管理"一件事"改革，人事工资管理以及社保、公积金等业务从线下转到线上，实现"一个平台办理、一张表单申请、一次不跑办成"。福建将所有审批服务事项承诺时限压缩到法定时限50%以内。青海公布"不见面"事项、"一次办"事项、取消证明材料等5张人社业务标准化清单，推进提速办理，企业和办事群众的获得感更强。

服务无止境，行风建设永远在路上，人社系统不断自我加压。2021年，在继续推进打包办、提速办、简便办、跨省办基础上，人社系统又推出特殊情况上门办、服务下沉就近办、服务全程一卡办、探索免申即办等服务，让企业群众"跑腿"越来越少、材料越来越简、时限越来越短、体验越来越好。

借助银行、基层平台等力量，人社部门全力推进人社服务"就近办"，群众不用跑远路，在"家门口"就能办成事；20.9万个经办网点"走进"人社政务服务电子地图，群众可精准定位、一键导航，一查即准、一找即对。无需主动申请，大数据自动推送，"免申即办"让企业群众坐在家里，就能收获惊喜。

聚焦老年人等特殊群体需求，人社系统完善传统服务，推动智能服务适老化改造，拓展上门办、无感智办等服务方式，助力老年人跨越"数字鸿沟"。广西南宁开设"老年人业务办理专窗"，增加全流程"一对一"服务；湖北荆州每个村、社区配置1~2名"协理员"，为老年人等特殊群体提供"上门办"服务；江苏、广东完善信息共享机制，实现领取社保待遇人员"无感认证"……

越来越便捷、贴心、有温度的人社服务让群众赞不绝口。"老

陕西彬州市人社局组织党员干部开展以"社保认证进社区,关心关爱老年人"为主题的党日活动,为老年群体提供贴心服务。图为人社局党员干部到群众家里为行动不便的老年人进行社保年审资格认证。

(中国组织人事报社供图)

伴卧病在床十几年,我也不懂智能手机操作,孩子又不在身边,每次资格认证都犯难,工作人员来家里帮我们,这种服务帮在我们心坎上!"广西南宁市武鸣区的卢凤兰老人高兴地说。

内强素质、外树形象,以过硬队伍立过硬行风

正行风,树新风,队伍建设是基础。一手抓能力提升,一手抓典型引领,2018年以来,人社系统着力加强队伍建设,广大人社干部职工提升了专业素质,提高了服务能力,提振了干事精气神。

提供优质服务,必须本领高强。2019年以来,人社部连续3

年在全系统组织开展业务技能练兵比武活动,日日学、周周练、月月比,上下联动、全员覆盖,"练"就优质服务,"比"出人社新风。

近百名全国"人社知识通"、250余名全国"岗位练兵明星"脱颖而出,成为人社系统业务领域和窗口服务的"排头兵"。"业务水平就像从平原爬上了山,面对群众的'急难愁盼',敢回应、有底气。"经过练兵比武的锤炼,四川邛崃市社保局办公室干部董芮君在工作中更加自信、自如,不仅收获了群众的满意度,自己也有获得感。

"窗口竞技"带动"全民健身",练兵比武成为锤炼作风、涵养新风的"净化器",历练本领、增长才干的"加油站",锻炼队伍、培养干部的"大熔炉"。从领导班子到村里的社保协管员,从即将退休的老同志到人社新兵,从窗口一线工作人员到行政管理人员,全国在线学习平台已注册66.7万余人,学政策、钻业务、强技能、优服务蔚然成风。

队伍建设需要典型引领。从2018年底开始,人社部在全国人社系统组织开展"人社服务标兵"主题宣传活动,一大批政治素质好、业务技能突出、群众认可度高的基层人社干部涌现出来。

"跑腿局长"倪芳芬、"高原背包客"金彩虹、"群众的邮差"易盛荣、"就业红娘"于砚华、"朝堂模式"设计师柳飞……一个个可亲可敬、可信可学的名字在系统内外被广泛传扬,树起行风建设的"风向标"。

"拨亮一盏灯,照亮一大片"。先进典型释放的"精神光源"

江苏徐州市人社系统举行技能练兵比武决赛,来自全市系统12支代表队的48名选手同台竞技,经过激烈角逐,决胜出前5名个人选手和前3名代表队。图为参赛选手在备考室为决赛做准备。

(中国组织人事报社供图)

带动系统上下掀起比学赶超的热潮,形成了人人抢学标兵、人人争当先进的浓厚氛围。

学习于砚华的先进事迹,吉林梅河口市就业局局长鄂坤有了更高的目标,"我们做的事情都是一样的,我也会努力做到更好。"在柳飞的指导和帮助下,江西上饶市人社局选派到余干县甘泉村任第一书记的吴光辉,带着乡亲们把脐橙产业做得红红火火。在金彩虹的启发下,四川小金县美兴镇劳动保障员赵丽也成为经办业务的行家里手,带动美兴镇居民参保率史无前例达到95%以上。

内强素质,外树形象,人社系统为民服务的初心更加坚定,面貌焕然一新。在四川,"100个优质服务窗口"和"100名优秀服务标兵"的树立，让"温暖人社"形成品牌效应；在江苏，以标兵为榜样，业务大比武大练兵蔚然成风；在越来越多的地方，一系列预约服务、延时服务、上门服务、代办服务等便民之举推行开来，解决了一连串群众办事的痛点堵点难点问题，不断提升着人民的满意度。

纠建并举，向常态化长效化迈进

专解"急难愁盼"，专挑"疑难杂症"，在辽宁丹东市人社局政务服务大厅，一扇"办不成事"反映窗口火了！

"'办不成事'反映窗口除了受理解决百姓反映的一些疑难问题外，还是促进人社系统综合服务提质升级的一个重要手段。"丹东市人社局相关负责人说，设立此窗口也是刀刃向内，倒逼正常窗口不敢"不作为"。如今，这样的"小窗口"已从丹东推广至全省，被全国多地借鉴推行。

用好监督"利器"，倒逼责任落实，是加强系统行风建设的保障。2018年以来，人社系统加大监督检查力度，创新推行"走""访""评"，形成发现问题、聚焦问题、挖根问题、解决问题的闭环工作机制，标本兼治、纠建并举，推动行风建设落实落细。

"知屋漏者在宇下，知政失者在草野。"2021年以来，全国人社系统广泛开展"司局长走流程""局处长走流程"活动，各级领导干部纷纷走出机关、深入基层，聚焦人社领域重点政策举措，聚焦高频服务事项，深入群众"问"意见，深入基层"摸"

需求，深入一线"验"效果，对人社业务申请、受理、审核、办结、反馈开展全流程检验。

走得广、走得深、走得实，促进从政策制度制定"最先一公里"到政策服务落地"最后一公里"全链条贯通，解决了一批基层所盼、群众所急的问题。人社部部属单位146位负责同志开展"走流程"244人次，共发现问题和需求405个，提出468项整改措施。北京、上海、江苏、山东、安徽等省市"厅局长走流程""局处长走流程"走流程走出数百条便民措施，赢得群众纷纷点赞。

察民情、访民意、摸情况、找堵点，各种形式的督察暗访同步展开。2021年，人社部部属各单位419名青年干部结合出差、探亲休假等机会开展"青年干部暗访调研"，足迹遍布503个基层人社服务窗口。天津、辽宁、四川、安徽等地通过明察暗访、委托第三方测评等方式实现监督常态化。

明察暗访找问题，突出重点抓整改，推动人社行风持续向好。以"百人监督团"助吹人社新风，辽宁省沈阳市沈河区社保中心窗口工作人员有切身体会。"'百人监督团'时刻聚焦办事群众的办事体验，是倒逼我们增强服务能力的重要举措。现在，我们省人社服务形象明显改善了，人社服务打造了'细''实'的新品牌。"

群众满意不满意，是行风建设的"试金石"。人社部全面部署开展线上线下人社政务服务"好差评"工作，发挥12333热线、门户网站等作用，设立行风监督投诉专线专区，主动接受企业群众"点赞""吐槽""拍砖"。

"这种办法非常好,是我们评价服务和反馈意见的一条简单有效的途径。"安徽省六安市某企业负责人张先生来到市政务服务中心人社窗口办理劳动用工备案业务后,在评价器上按下了"非常满意"的按键。

标本兼治需要纠建并举,只有建立长效机制,才能将行风建设成果更好转化为治理效能。人社部专门印发文件,从人社领域的政策供给、政策传导、政策落地、政策评估等方面作出一系列制度安排,要求各地在工作推进中牢牢把握"管行业必须管行风、打造群众满意的人社服务"这条主线,从政策制度供给"最先一公里"和服务落实"最后一公里"两头发力,完善厅局长走流程、青年干部调研暗访、我为群众办实事三项机制,用好人社服务快办行动、人社便民服务圈和社会保障卡"一卡通"三个抓手,强化干部职工能力作风、信息化建设和先进典型示范作用三大支撑,推动行风建设由阶段性行动向常态化长效化转变。

攻难关、破瓶颈、闯新路,不断积小胜为大胜,人社公共服务发生了全方位、深层次的转变,群众满意度持续提高。"速度真快!""再也不用来回跑了!""为人社暖心服务点赞!"……类似的声音不绝于耳。

雄关漫道真如铁,而今迈步从头越。站在新征程上,人社系统行风建设正朝着更高起点、更深层次、更严标准、更高目标不断迈进。

(吴叶柳)

党的十八大以来人力资源社会保障事业
改革与发展系列读物项目组

组　　长：黄卫来
副组长：仲艳平　陈　伟
成　　员：傅圣英　刘凤仪　崔高洁　范文凯